KÖNIGS FURT

Zum Buch:

Dies ist die Saga des Großen Waldes und zugleich die Geschichte des »Sternensohnes« Madru.

Sie handelt von Baumfrevel, von menschlicher Gier und Herrschaftssucht, sie handelt von grandiosen Abenteuern, von Liebe und magischem Zauber.

Mit Hilfe astronomischer Berechnungen wird der sechzehnjährige Madru ausfindig gemacht und am Hof des Fürsten auf seine Aufgabe vorbereitet, das Reich des Großen Waldes – Norrland – zu schützen.

Ein Bilderspiel, ein Baumtarot soll ihm helfen, sich für einen der drei Wege zu entscheiden: den Weg des Waldes, den Weg des Allwiss oder den der Ritter.

Das Baumtarot weist Madru den Weg des Waldes, er wird hineingerissen in eine andere Welt ...

Ein Roman, vielleicht. Eine Sinnsuche, ja, aber eine mutige und verrückte. Und ganz bestimmt ein modernes phantastisches Märchen, in dem wir etwas von uns, den Ängsten und unseren verborgenen Kräften kennenlernen.

Zum Autor:

Frederik Hetmann (Hans-Christian Kirsch), geb. 1934, lebt in Limburg a. d. Lahn. Er hat zahlreiche Romane, Biographien und Jugendbücher geschrieben. Hetmann erhielt zweimal den Deutschen Jugendbuchpreis. Für seinen Roman »Wagadu« wurde er mit dem Fantastikpreis der Stadt Wetzlar ausgezeichnet.

Frederik Hetmann

Madru
oder Der Große Wald

Das Märchen vom Baumtarot

Königsfurt

Dieses Buch erschien erstmals 1984 im Eugen Diederichs Verlag, Köln.

Neuausgabe
Königsförde 2000

Copyright © 2000 by Königsfurt Verlag
D-24796 Klein Königsförde/Krummwisch
www.koenigfurt.com

Agentur: Montasser Medienagentur, München
Umschlag & Abbildungen: Tilman Michalski, München
Lektorat: Wiebke Albrecht, Kiel

Satz & Lithos: Stefan Hose, Eckernförde
Druck & Bindung: Clausen & Bosse, Leck

Printed in Germany
auf chlorfrei gebleichtem Papier

ISBN 3-933939-08-9 (Buch separat)
ISBN 3-933939-31-3 (Karten separat)
ISBN 3-933939-29-1 (Buch, Karten & Baumsamen im Set)

»Und wie lernt man, sich damit auszukennen?«

»Das ist der Weg des Waldes«, erwiderte Ase, »ich mag die Bäume, die Bäume mögen mich. Wir reden miteinander. Sie sagen mir, wohin ich gehen soll.«

»Heißt das: man kann lernen, sie zu verstehen?«

»Gewiß doch.«

»Und wie?«

»Indem man ihnen geduldig zuhört, indem man sich ihre Gestalt einprägt, indem man mit ihnen lebt.«

»Das würde ich auch gern lernen«, sagte Madru, » … oder macht Ihr Euch nur über mich lustig?«

»Aber nicht doch«, sagte Ase, »du bist schon dabei, das zu lernen, was es da zu lernen gibt.«

»Erklärt mir das genauer!«

»Der Anfang ist einfach. Es geht eigentlich nur darum, sich klar zu machen, was wir sehen, hören, riechen und schmecken … ja, schmecken auch. Man kann eine Buche oder eine Reihe Weiden an einem Bach schmecken … freilich: sie atmen doch auch. Man kann, mit einiger Übung, an diesem Atem erkennen, ob sie gesund oder krank, ob sie vergnügt und bei guter Laune sind, oder ob sie sich gerade aufgeregt haben. Ehe sich unsere Wahrnehmungsfähigkeit erweitert, müssen wir sie einfach ständig schärfen. Sieh mal, die Flechte dort drüben auf der uns zugewandten Seite des Baumes. Warum wächst sie gerade auf dieser Seite und nicht auf der anderen? Ist das nur Zufall, was steckt dahinter? Oder die Blumen, von denen wir vorhin große Büsche sahen. Sie wachsen nur in Gegenden, in denen es feucht ist … feucht, aber nicht sumpfig. Die Feder dort zwischen den Ranken stammt aus dem Gefieder eines Kiri Vogels. Es ist eine seltene Vogelart, sie pflegt nur auf bestimmten Bäumen zu nisten, von denen sie sich nie allzu weit entfernt. Wenn wir jetzt im Umkreis von zwei- bis dreihundert Schritt suchten, würden wir mindestens einen dieser Bäume finden. Das sind Beobachtungen, zu denen jeder fähig ist. Jede für sich scheint unbedeutend. Wenn du solches Wissen sammelst, kommt der Augenblick, in dem du den Wald plötzlich mit anderen Augen siehst. Man nennt das ›den Traum vom Wald‹. Dann benötigst du keine Landkarte mehr, um im Wald deinen Weg zu finden.«

»Ich verstehe.«

»Nichts verstehst du«, sagte Ase. Er klatschte in die Hände. »Hast du das gehört?«

»Ja doch.«

»Mach es nach!«

Madru klatschte in die Hände. Irgendwo flogen erschreckt Vögel auf.

»Jetzt klatsch einmal nur mit einer Hand.«

»Das geht nicht.«

»Na schön«, sagte Ase, »aber versuch einmal es dir vorzustellen.«

»Verrückt«, sagte Madru »das geht. Ich ahne wie es geht.«

»Siehst du«, sagte Ase, »damit haben wir etwas sehr Wichtiges klargestellt. Es gibt Dinge, die scheinen nicht möglich, aber bei Anstrengung unserer Willenskraft gibt es sie doch. Es gibt sie nicht, aber obwohl es sie nicht gibt, können wir sie uns doch genau vorstellen.«

»Tatsächlich«, murmelte Madru und stolperte im gleichen Moment über eine Wurzel.

»Holla!« rief Ase und hielt ihn am Arm fest, »so war das nicht gemeint. Das Klatschen der einen Hand ... man lernt es hören, damit man den Weg des Waldes besser gehen lernt, nicht damit man hinfällt.

»Was soll denn das nun schon wieder heißen?« Madru verzog das Gesicht. »Ihr habt eine merkwürdige Art zu reden. Hat Euch das noch niemand gesagt? Ihr sprecht von den Dingen zuerst immer so undeutlich, daß man nur ahnen kann, was Ihr meint, und erst danach dann so, daß man sie ohne weiteres versteht.«

»Es ist recht, daß du protestierst«, erwiderte Ase, »freilich sollte man komplizierte Dinge möglichst einfach sagen. Laß es mich noch einmal versuchen: Du stellst dir das Klatschen einer Hand vor – nicht um dich aus der Wirklichkeit davonzumachen. Du mußt dahin kommen, die Wahrnehmungen des Sichtbaren und des Unsichtbaren in dir zu balancieren.«

»Oh«, stöhnte Madru, »wie lange wird es wohl dauern, bis ich all das gelernt habe? Es hört sich kompliziert an.«

»Ja doch ... es ist schwierig«, sagte Ase, »aber wenn ich es gelernt habe, wirst du es auch lernen können. Und wenn alles so leicht wäre wie ›Hurra‹ schreien, brauchte man sich gar nicht erst damit zu befassen. Ohnehin«, so fuhr er fort, »lernt man in dieser Kunst nie aus, und eine Kunst ist es.« Früher, da habe es wohl zum selbstverständlichen Wissen des Menschen gehört, aber als der Mensch andere Fähigkeiten für wichtiger erachtet habe, seien ihm darüber diese verlorengegangen. Heute müsse man das nun mühsam erst wieder lernen, das eben nenne man, den ›Weg des Waldes‹ gehen. Zur Bestärkung des Einzelnen und als Anreiz zu seiner immer weiteren Vervollkommnung habe man verschiedene Ränge eingeführt. »Als Schüler«, erklärte Ase nun Madru, »lernst du begreifen, was der Weg ist. Als Läufer kannst du ihn mühelos gehen. Als Gefährte bist du ein Teil des Weges. Als Meister beherrschst du den Weg. Du gebietest dann über all seine Kräfte und Bilder.«

Ase machte eine Pause, damit Madru Zeit blieb, über das, was er da gehört hatte, etwas nachzudenken. Zu welchem Rang es denn Ase bisher gebracht habe, erkundigte er sich. Man spreche nicht über den eigenen Rang, sagte Ase. Das sei eine der Bedingungen der Lehre. Man sage: Der Anfang ist so leicht wie das Ende. Das Ende ist so schwer wie der Anfang. Wenn man selbst einen höheren Rang erreiche, lasse einen das der Lehrer wissen. Nur dem Fürsten des Waldes aber sei der Rang aller bekannt, die den Weg des Waldes gingen.

»Wollt Ihr mein Lehrer werden?« fragte Madru.

»Warum nicht«, erwiderte Ase, »aber ich will dir auch gleich sagen: in mir wirst du einen besonders strengen und anspruchsvollen Lehrer haben.«

Er wolle sich gern gehörig anstrengen, meinte Madru. Ase möge ihm ruhig einiges zumuten. Er sei begierig, auf dem Weg des Waldes rasch voranzukommen.

»Es gibt da eine Redensart«, erwiderte Ase, »man kommt nicht schneller voran als die Bäume wachsen.«

Es war unterdessen heller Tag geworden. Sie blickten jetzt auf eine weite Fläche schwarzen Wassers hin … mit vielen kleineren und größeren Inseln darin, auf denen weißflockiges Gras blühte und Weiden und Erlen standen. Frösche quakten. Manchmal sprangen Fische im Wasser. Die Wärme nahm spürbar zu. Die Mückenschwärme wurden größer und lästiger für die Wanderer. Einmal bückte sich Ase. Er pflückte einige Blüten einer kleinen braungelben Blume, gab sie Madru und hieß ihn, sich damit über Stirn, Nacken, Waden und Arme zu fahren. »Du wirst sehen«, sagte er, »die Mücken lassen dich dann in Ruhe.«

Die Wirkung war erstaunlich, aber Madru überlegte, weshalb Ase sich nicht auch mit dem Moos eingerieben habe.

»Wenn du dich fragst, warum mich die Mücken nicht stechen«, sagte Ase, » … die Antwort kannst du dir selbst geben.«

»Ihr seid gefeit!«

»So könnte man es nennen«, antwortete Ase, »nur halte das jetzt nicht gleich wieder für Zauber. Ich habe mich lediglich schon so häufig damit eingerieben, daß sich auf meiner Haut immer noch Spuren jener Essenz finden, die das Moos enthält.«

Madru hatte in den letzten Stunden immer wieder daran denken müssen, wie es wohl am Fürstenhof zugehe. Er wußte wenig darüber. Zu den Wohnstätten, die südlich des Bannwaldes lagen, drang nur selten Nachricht davon. Jetzt erkundigte er sich bei seinem Begleiter danach.

»Weißt du«, erklärte ihm Ase, »es wird da auch nur mit Wasser gekocht. Laß deine Neugier ruhig noch ein bißchen wachsen. Nur dies solltest du jetzt schon wissen: Ich habe dir vom ›Weg des Waldes‹ erzählt. Daneben aber gibt es noch den ›Weg des Allwiss‹. Über ihn werden dich die Druiden belehren. Und schließlich kennt man den dritten Weg, den der Ritter. In ihm wird dich der Fürst des Waldes selbst unterweisen. Und wenn du genug über die Wege weißt, wird man dir ein Bilderspiel in die Hand drücken. Es ist vor allem dazu da, um herauszufinden, welcher von den drei Wegen gerade für dich der richtige ist.«

»Diese drei Wege«, sagte Madru und runzelte die Stirn, »verzeiht meine Unwissenheit, aber ich habe nie davon reden gehört. Ihr müßt mir noch mehr darüber erzählen.«

»Nun gut«, sagte Ase, »vielleicht sollten wir ein wenig rasten. Es spricht sich nicht gut von solchen Dingen, wenn man einen Weg unter den Füßen hat.«

Auf einem Grasfleck am Rand des Wassers erhob sich eine mächtige alte Buche. Unter ihren weitausladenden Ästen ließen sie sich nieder. »Wenn du in die Große Halle in der Fürstensiedlung kommst«, begann Ase seinen Bericht, »wirst du dort einen langen braunen Stein liegen sehen. An der Oberfläche erkennt man noch deutlich die Baumrinde. Tatsächlich handelt es sich um einen versteinerten Baum. Wie er dort hingekommen ist? Nun, vielleicht hast du schon davon gehört, daß am Anfang der Zeiten die Mondfrau ein Ei fand, das vom Himmel gefallen war. Sie brütete es aus, und heraus schlüpften zwei Kinder. Der Knabe erhielt den Namen Bri und das Mädchen den Namen Bru.

Sie wuchsen heran. Bru herrschte in der Anderswelt. Bri wurde der erste Herrscher im Großen Wald.

Bru liebte ihren Bruder mehr als irgendeinen anderen Mann. Bri fand, seine Schwester sei die Schönste unter allen Frauen. Nun gab es damals noch keine Trennungslinie zwischen dem Diesseits und der Anderswelt. In seinem Liebesrausch verbrachte Bri ein ganzes Jahr bei seiner Schwester. Dies war in der Menschenwelt eine Zeit, in der die Ernten verdarben, die Tiere keine Jungen mehr warfen und die irdischen Frauen keine Kinder mehr zur Welt brachten. Da ließ die Mondfrau, die Mutter der Zwillinge, durch Zauber eine unsichtbare Wand aufwachsen zwischen den beiden Welten und zwang Bri zuvor, in sein Reich zurückzukehren. Er mußte nun ständig in der Menschenwelt bleiben, und auch Bru durfte ihr Reich nicht mehr verlassen. Ehe sich nun die Grenze zwischen den beiden Welten schloß, sandte Bru ihrem Zwillingsbruder noch eine Botschaft. Sie war in die Rinde jenes versteinerten Baumes eingehauen, den damals zehn Riesen aus der Anderswelt herbeitrugen. Auf der einen Seite des Stammes war zu lesen:

MONDRIL DITRIU, MESCH FORAL SURIU.
Auf der anderen Seite stand:
FORAL DITRIU, MESCH MONDRIL SURIU.
Das bedeutet, übersetzt in die Sprache, die wir heute sprechen:
DIE WELT WIRD UNTERGEHEN,
ABER DER WALD BLEIBT BESTEHEN.
Und:
DER WALD WIRD UNTERGEHEN,
ABER DIE WELT BLEIBT BESTEHEN.

Bri, so erzählt man, ließ darauf alle Weisen des Großen Waldes zusammenrufen, damit sie ihm die in beiden Sätzen enthaltene Botschaft deuteten. Sie berieten lange und konnten sich nicht einig werden. Der wörtliche Sinn war klar. Aber da sich die beiden Sprüche in ihrer Aussage geradezu widersprachen, kam die Vermutung auf, es müsse noch einen verborgenen Sinn geben.

Beiden Sprüchen gemeinsam war, daß sie offenbar vor einer Katastrophe warnten, vor dem Ende der Welt. Nachdem sie sich lange genug die Köpfe zerbrochen und über das Problem debattiert hatten, meinten die Weisen des Landes, ursprünglich habe Bru vielleicht nur einen Spruch auf den Stamm geschrieben und der andere sei von einem bösen Geist hinzugefügt worden, um die Menschen zu verwirren. Sie stritten sich lange. Die einen behaupteten, allein der erste Spruch enthalte Brus Nachricht, während die anderen ebenso überzeugende Argumente dafür vorbrachten, daß der zweite Spruch der rechte sein müsse.

Jene, die den ersten Spruch für echt hielten, nämlich: die Welt werde untergehen, aber der Wald bleibe bestehen, gingen den ›Weg des Waldes‹. Nur, wenn man auf die Stimme der Bäume höre, wenn man den Großen Wald schütze, in enger Gemeinschaft mit ihm lebe, so erklärten sie, sei die Welt letztlich zu retten.

›Ganz falsch!‹ riefen die anderen, die den ›Weg der Anderswelt‹ einschlugen, der auch der ›Weg des Allwiss‹ genannt wird. Der Wald werde zerstört werden und mit ihm die ganze Menschenwelt. Komme es aber dahin, werde sich die Menschheit nur retten können, indem sie sich in die Anderswelt flüchte. Deswegen gelte es, sich mit deren Geschöpfen vertraut zu machen, ihre Sprache zu erlernen und nach den Verbindungswegen zu forschen, die vielleicht immer noch zwischen ihr und der Menschenwelt bestehen.«

Madru hatte Ase mit wachsender Verwunderung zugehört, nun aber unterbrach er ihn. »Aber warum heißt dieser Weg der ›Weg des Allwiss‹?« fragte er.

»Darauf wollte ich noch kommen«, sagte Ase, »damals, als soviel über die Inschriften gerätselt und nachgedacht wurde, gab es einen Druiden, der behauptete, er sei dort, wo der Wald am tiefsten ist, dem Zwerg Allwiss begegnet, einem Geschöpf aus der Anderswelt also, das doch noch von drüben zu uns durchgedrungen sei ... auf welchem Weg auch immer ... und dieser Zwerg habe ihm anvertraut, das Schicksal der Menschheit werde so verlaufen, wie es noch heute die Druiden lehren und wie es jene glauben, die sich heute für den Weg der Anderswelt entscheiden.«

»Und wer hat recht?« fragte Madru wieder dazwischen.

»Nun«, meinte Ase, »ich bin als einer, der den ›Weg des Waldes‹ geht, natürlich in diesem Punkt voreingenommen. Aber da du mich danach gefragt hast, will ich dir offen und ehrlich meine Meinung sagen. Ich leugne nicht, daß es eine Anderswelt gibt. Nur eben ... ich finde das Diesseits wunderbar genug. Auch lebendige, grünende Bäume wissen viele Geheimnisse.«

»Und der dritte Weg?« fragte Madru jetzt.

»Dazu mußt du wissen«, begann Ase wieder, »zwischen den beiden Wegen der Schulen, von denen wir bisher gesprochen haben, ist es von jeher aus Gründen der Macht zu viel unnützem Streit gekommen ... statt daß sie zusammengearbeitet und sich in ihrem Wissen ergänzt hätten. Es gab fanatische Anhänger des einen Weges, die ließen an denen, die den anderen Weg gingen, kein gutes Haar. Es kam schließlich soweit, daß am Streit der beiden Wege die Ordnung im Reich des Großen Waldes zu zerbrechen drohte ... bis sich Menschen fanden, die einen dritten Weg einschlugen. Nicht den Weg des Waldes, nicht den Weg des Allwiss, sondern den Weg der Ritter. Auch wer sich zu diesem Weg bekennt, fürchtet, daß sich einmal ... keiner weiß, wann ... eine große Katastrophe ereignen wird ... eine Katastrophe so furchtbar, so unvorstellbar gewaltig und umfassend, daß durch sie der Bestand der ganzen Welt ... Diesseits und Anderswelt ... bedroht ist. Aber, so sagen jene, die den Weg der Ritter gehen, diese Katastrophe lasse sich unter gewissen Bedingungen sehr lange hinausschieben. Je mehr Menschen den ›Weg der Ritter‹ einschlügen, je strikter sich der Einzelne an die Gebote dieses Weges halte, desto mehr wachse die Kraft, die die Katastrophe vorerst verhindere, diese jedenfalls bis an den Horizont der Zeit fortrücke.«

Ase schwieg, und Madru, der ein Gefühl von Geborgenheit verspürte, das von den Zweigen der großen Buche auszugehen schien, war für den Augenblick ganz unentschieden, welchen Weg er eingeschlagen hätte, wäre von ihm verlangt worden, sich auf der Stelle hier und jetzt zu entscheiden. Alle drei Wege, sowie sie Ase ihm dargestellt hatte, besaßen etwas, das ihn neugierig machte.

Ase sah ihn an. »Jetzt bist du ziemlich hin- und hergerissen, nicht wahr?« sagte er. »Das geht den meisten so. Und man sollte sich da genau prüfen. Aber früher oder später muß man sich auch entscheiden. Nun stell dir vor, jemand hat seine Wahl getroffen und nach einiger Zeit stellt sich heraus, daß er auf dem Weg, den er gewählt hat, ganz und gar nicht vorankommt, daß es der falsche Weg für ihn war. Um dies nach Möglichkeit zu verhindern, gibt es das Bilderspiel. Man sagt, daß Bru und Bri es einst geträumt haben sollen, als sie sich liebten. Zunächst einmal ist es ein schönes Spiel. Darüber hinaus aber hat man es dazu bestimmt, aufzuzeigen, welcher der drei Wege für den einzelnen Menschen der richtige ist. Mit Hilfe der Bilder kann der Spieler überprüfen, ob er unter den drei möglichen Wegen auch tatsächlich denjenigen gewählt hat, der sein Schicksal ist.«

»Schicksal?« fragte Madru, »was hat man sich denn nun darunter vorzustellen?«

»In der Fürstensiedlung«, sagte Ase, »wirst du mit den Söhnen der Vornehmen das ›Haus der Lehren‹ besuchen und über all das Genaueres erfahren. Du wirst auch lernen, wie man das Spiel zur Meditation benutzen kann. Sie werden dir vielleicht besser erklären können, als ich es vermag, was man unter ›Schicksal‹ versteht. Im Zusammenhang mit dem Spiel ist vor allem folgendes wichtig: Es kommt vor, daß Menschen mit ihrem Verstand etwas ganz anderes wollen als in der dunklen Tiefe ihres Herzens. Es sollte nicht vorkommen, aber es ereignet sich doch häufiger als man denkt. Wenn der Gegensatz zwischen dem, was der Verstand will und dem, was die Seele braucht, zu groß wird, entsteht eine Krankheit, die den Menschen genau so umbringen kann wie Aussatz oder Pest. Das Spiel hilft ergründen, ob das Verlangen des Verstandes mit dem der Seele in Einklang steht. Und ist das der Fall, dann eben folgt der Mensch seinem Schicksal.«

Madru war ganz benommen von dem, was er alles erfahren hatte. Ase aber meinte, er solle jetzt nicht weiter darüber nachgrübeln. Sie müßten sich wieder auf den Weg machen.

Madru warf noch einmal einen Blick auf die Buche, in deren Schatten er all diese wunderbaren Dinge erfahren hatte, und es war ihm, als sehe ihn aus dem Laubwerk ein riesiger Kopf an, der ihm ermunternd zunicke.

Ase begann zügig auszuschreiten, und Madru, bewegt von vielen Fragen, folgte ihm schweigend, weil er wohl merkte, daß Ase jetzt nicht mehr über die drei Wege reden mochte.

Sie hatten seit ihrer Rast drei oder vier Meilen zurückgelegt, als Ase Madru fragte, ob ihm aufgefallen sei, daß es nach Rauch rieche. Jetzt, da ihn sein Begleiter darauf hinwies, merkte es Madru auch. »Zehn, höchstens fünfzehn Krieger«, sagte Ase halblaut, aber sein Gesicht drückte Bestürzung aus.

»Müssen wir vorsichtig sein?« fragte Madru. »Nein«, sagte Ase, »es sind Norrländer.«

Madru überlegte bei sich, woher er das nun wieder wisse, sagte aber nichts. Sie liefen weiter am Ufer des Sees entlang. Hinter einem Schilfdickicht öffnete sich eine kleine Bucht.

Vier schmale Nachen lagen auf den Strand gezogen. Davor, in einem mit Steinen abgeteilten Kreis, brannte ein Feuer, um das eine Gruppe von Männern stand. Sie redeten laut und selbstgefällig. Einer von ihnen drehte den Bratspieß, an dem ein Wildschwein über der Glut schmorte.

Ein mächtiger Bursche, der Madru durch seine ungewöhnliche Kleidung auffiel, hielt ein kroß gebratenes, mit Gewürz bestreutes Fleischstück in den Händen. Das Fett troff ihm von den Lippen in seinen schwarzen Vollbart. Andere Männer waren gerade dabei, aus kleinen Fässern, die nahe an der Feuerstelle standen, Met zu zapfen. Madru verspürte Hunger.

»Heda, Fiedler!« rief einer der Männer, offenbar der Anführer, »willkommen! Seid unsere Gäste. Zu essen ist genug da. Zu trinken auch. Aber an Musik fehlt es.«

Ase grüßte den Mann und folgte ihm zum Feuer. Madru hielt sich hinter ihnen. Jemand schnitt mit einem Messer zwei Scheiben von dem Wildschweinbraten ab, reichte die eine Ase hin, die andere ihm. »Da«, sagte der Mann plump zu Ase, »sollst auch einen guten Tag haben.«

Was sie feierten, fragte Ase. In den würzigen Geruch des Fleisches mischte sich noch ein anderer Geruch. Er war unangenehm süßlich.

»Gute Beute«, hörte Madru den Mann mit dem schwarzen Bart antworten. Sein Gesicht war gerötet. Er lachte wie jemand, der damit etwas verbergen will. Jetzt betrachtete Madru sich die Kleidung des Bärtigen genauer. Er trug auf der nackten Haut ein seltsames Hemd. Es glitzerte, wenn die Sonne darauf fiel, und wenn der Mann sich bewegte, klimperte es leise.

»Da staunst du – was, Junge!« rief der Mann und fuhr mit der Hand über die Maschen. »Aus Eisen ist es. Jawohl … ganz und gar aus Eisen. Man ist unverwundbar, wenn man es trägt.«

»Wo habt Ihr das her?« fragte Ase und trat an den Mann heran. »Was geht dich das an?« brauste der Schwarzbärtige auf, »du sollst Musik für uns machen. Ein solches Fest wie unseres wird dir nicht alle Tage geboten. Also kümmere dich nicht um das Hemd, sondern spiel auf.«

»Laß den Fremden in Ruhe, Orn«, sagte der Anführer und riß den Mann grob an der Schulter von Ase weg.

»Entschuldigt«, sagte er, »Orn ist der gutmütigste Bursche von der Welt. Aber gebt ihm nur einen Tropfen Met, gleich sucht er mit jedermann Streit. Auch ich bitte Euch: spielt uns doch auf. Ich werde Euch gut bezahlen.«

Ase sagte nichts. Er nahm die Fiedel vom Rücken und begann, sie zu stimmen. Madru spürte wieder diesen unangenehm süßlichen Geruch. Die Männer, wer immer sie sein mochten, mißfielen ihm. Er ging etwas abseits und wollte sich dort ins Gras setzen. Er freute sich auf Ases Melodien und sah zum Waldrand hinüber. Ihm fiel auf, wie mächtig und hoch die Bäume dort waren. Noch nie zuvor hatte er so mächtige Bäume gesehen. Die stärksten Stämme hatten eine rötliche Rinde. Sie schienen aufzuwachsen bis in die Wolken. Und dann sah er es. Es würgte ihn vor Abscheu und Ekel. Fünf, sechs Fuß von ihm entfernt im Gras lagen nackte tote Körper. Blutverschmiert waren manche, andere angesengt. Statt Mündern, Stirnen und Wangen – nur Aschenflecke. Er schrie gellend auf. Sein Magen revoltierte. Er spie alles wieder aus, was er eben gegessen hatte. Einen Augenblick später war Ase bei ihm und legte eine

Hand über seine Augen. Madru zitterte immer noch, als Ase ihn vorsichtig fortführte. Auch jetzt, blind, sah er noch die verwüsteten Gesichter der Toten, die blutigen Risse in ihren aufgetriebenen Bäuchen, die klaffenden Wunden in ihren Schädeln. Ase führte ihn hinunter zum Ufer. Unterwegs riß er ein paar große Blätter ab, die nach Minze rochen, befeuchtete sie und fuhr Madru damit übers Gesicht.

»Besser?« fragte er.

Madru biß sich auf die Unterlippe und nickte.

»Warte hier, bis ich dich holen komme«, sagte Ase.

Als er wegging, sah Madru, daß die Fiedel wieder auf seinem Rücken saß. Im Gehen griff Ase an seinen Gürtel und zog einen dünnen schwarzen Stab hervor, der Madru unterwegs schon aufgefallen war, ohne daß er wußte, was es mit ihm auf sich hatte. Ase hielt den Stab vor sich in Brusthöhe und ging mit bedächtigen Schritten weiter auf die Feuerstelle zu. Sobald die Männer dort des Stabes ansichtig wurden, trat eine merkwürdige Veränderung bei ihnen ein. Sie schienen zu erstarren. Ihr Lachen verstummte. Einem jeden erstarb das Wort auf den Lippen. Der Anführer kam Ase entgegen. Unterwürfig jetzt, wie ein geprügelter Hund.

»Verzeiht, Herr«, sagte er, »wir wußten nicht, daß Ihr ein Bote des Herrschers seid.«

»Wer seid Ihr? Und was geht hier vor?«

»Ich heiße Esnir«, sagte der Mann, »bei mir ist mein Bruder Orn. Die anderen sind Männer aus unserem Dorf«

»Wer hat Euch geheißen, die Waffen zu ergreifen?«

»Nicht der Fürst des Waldes, wenn Ihr das meint. Aber ehe Ihr mich und uns verurteilt, hört Euch erst an, was geschehen ist. Es sind Männer aus dem Süden gekommen. Sie haben unser Dorf überfallen. Sie haben versucht, Felle von uns zu erpressen. Mein Vater Nogal war ein Zaubertrommler. Er hat versucht, sie mit bösen Bildern abzuwehren. Aber was kann das schon helfen gegen Männer, die Eisen tragen? Sie haben ihn getötet. Da haben wir …

Er stockte.

»Ihr habt sie totgeschlagen.«

»Was blieb uns anderes übrig, Herr?«

»Ihr beschuldigt die Fremden, Felle von Euch erpreßt zu haben. Aber ihr wart doch auch auf Beute aus – … oder? Ihr wolltet ihre Kettenhemden. Ihr wolltet Schwerter und Lanzen. Ihr wart ganz verrückt nach Eisen«, sagte Ase.

»Wir sind Sieger geblieben, Herr, und als Sieger haben wir das Recht auf die Beute.«

»Sieger für wie lange?«, entgegnete Ase scharf »Was meint Ihr, Esnir, was wohl geschehen wird, wenn der König im Süden merkt, daß seine Männer nicht zurückkommen? Ich will es Euch sagen, da Ihr offenbar nicht fähig seid, selbst soweit zu denken. Er wird mehr Männer schicken. Ein ganzes Heer. Und seine Soldaten werden mit Euch so verfahren wie ihr mit den Fremden verfahren seid.« Er machte eine Pause und ging mit gesenktem Kopf auf und ab. »Ich kannte Euren Vater, Esnir«, fuhr er fort. »Er war ein kluger Mann. Es bekümmert mich, daß er hat sterben müssen. Aber Ihr werdet nicht behaupten wollen, daß er Euch den Rat gab, die Fremden anzugreifen.«

»Nein, Herr. Wie ich Euch schon sagte, er wollte sie mit Trommeln abwehren. Aber hat sein Trommeln etwa verhindern können, daß sie ihn töteten? Wir haben uns geschworen, uns in Zukunft auf unsere Schwerter und Speere zu verlassen, statt mit Zauber gegen die Fremden zu kämpfen.«

»Wenn der Weg des Waldes, den Euer Vater gegangen ist, nicht dazu taugt, um die Fremden abzuwehren«, sagte Ase, »werdet Ihr mit Euren Waffen erst recht nichts ausrichten.«

»Dessen sind wir nicht länger so sicher.«

»Es ist weit gekommen«, sagte Ase erbittert, »nicht nur, daß ihr euch herausnehmt, auf eigene Faust zu den Waffen zu greifen, ihr wagt es auch noch, statt die Trauerriten zu vollziehen, nach einem solchen Massaker ein Fest zu feiern.«

Seine Männer hätten ihn dazu gedrängt, entschuldigte sich Esnir. Sie seien so stolz auf ihren Sieg gewesen.

»Bedenkt doch, Herr«, mischte sich jetzt ein anderer der Männer ein, »dreißig Soldaten in Kettenhemden und ein Ritter. Und wir waren nur zehn.«

»Dann seid ihr wohl auch noch stolz darauf, daß die Leichen der Fremden immer noch unbestattet dort drüben im Gras liegen. So nahe am Bannwald. Erschlagen habt ihr die Männer doch schon gestern abend.

»Das stimmt, Herr, aber woher wißt Ihr das?« fragte Esnir sehr verstört.

»Sie stanken uns schon entgegen, als wir kamen. Also los! Worauf wartet ihr noch? Das Fest ist zu Ende. Sorgt dafür, daß dieser Platz von all dem Blut, das ihr vergossen habt, gereinigt wird.« »Geben wir's doch zu«, sagte Orn, der bisher etwas abseits von den anderen gestanden hatte, »wir haben uns auch gefürchtet, Herr. Deswegen sind die Toten noch nicht begraben.« Er wandte sich an seinen Bruder: »Du selbst hast gestern abend gesagt, die Luft sei voll schlechter Vibrationen. Deswegen sind wir ja auch erst heute zu dieser Siegesfeier zusammengekommen.«

»Immerhin habt ihr euch nicht gefürchtet, die Toten auszurauben«, stellte Ase fest.

Er drehte sich um und kam zu Madru zurück. Esnir folgte ihm. »Wir gehorchen Eurem Befehl«, sagte er kleinlaut, »wir tun alles, was Ihr verlangt. Wir waren verwirrt. Wir sind einfache Leute. Wenn etwas geschieht … die Dörfer, die südlich des Bannwaldes liegen, haben immer das Nachsehen. Aber ich bitte Euch, legt ein gutes Wort beim Fürsten des Waldes für uns ein. Und könnt Ihr nicht etwas tun, um die Bäume zu versöhnen, wenn wir sie erzürnt haben?«

Ase schwieg und ging weiter.

» … wollt Ihr ein Eisenhemd, ein Schwert? Wollt Ihr den Panzer des Ritters als Geschenk für den Herrscher des Waldes?«

»Laßt mich«, sagte Ase unwillig, »euer Eisen könnt ihr behalten. Es wird sich rasch genug gegen euch selbst wenden. Vielleicht gegen uns alle. Macht euch endlich an die Arbeit und begrabt die Toten.«

»Hier im Angesicht des Bannwaldes, Herr?«

»Nein, ihr ladet sie in die Nachen und schafft sie auf die andere Seite des Sees.«

»Wie Ihr befehlt, Herr.«

Ase sah immer noch finster drein als er zu Madru zurückkam. »Wir wollen rasch fort von hier«, sagte er. Zielstrebig mit einer Handbewegung, die Madru auf die weiße Markierung, im Boden hinwies, ging er auf eine mächtige Fichte am Waldrand zu.

Während sie über die Trittäste aufwärts stiegen, überkam Madru ein merkwürdiges Gefühl. Je höher hinauf sie kamen, desto mehr spürte er ein Wiegen und Schaukeln – die Bewegung des Baumes im Wind. Es war angenehm. Es löste eine Empfindung von Leichtigkeit und ein Gefühl von Freiheit in ihm aus wie er das in dieser Art noch nie erlebt hatte. Er war sich auch ganz gewiß, daß Bäume Wesen seien, deren Sprache er eines Tages würde verstehen können.

Dann standen sie oben auf dem aus Brettern gefügten Pfad, der sich nach Norden in der Ferne verlor. Ein Bild bot sich, das Madru wie aus einem Traum schien. Der Bannwald reichte in einer ebenen Landschaft so weit wie man sehen konnte. Er wirkte wie ein Meer von Bäumen, auf dem die Kronen wie die Schwingungen kleiner Wellen aussahen. Zum ersten Mal begriff Madru weshalb Norrland auch das Land des Großen Waldes genannt wurde. Er sah auf eine geschlossene Walddecke, scheinbar ohne Lichtungen oder Siedlungen. In der Nähe nahm man noch die einzelnen Baumkronen wahr, in einer Dichte, Frische und Üppigkeit des Wuchses, wie er sie sonst noch nirgends erlebt hatte. Weiter fort wurden die Bäume allmählich zu einem lichtgrünen Pelz eines gewaltigen Tieres, zu einem Fell, in dem dort, wo Fichten und Tannen die Laubbäume überwogen, dunkle, unregelmäßig verlaufende Muster auftauchten.

Die Mammutbäume, die manchmal in kleinen Gruppen von vier, fünf Stämmen zusammenstanden, meist aber einzeln und in gewisser Entfernung voneinander aufragten, kamen Madru vor wie Riesen mit grünen Federbüschen auf ihren Helmen.

Vielleicht das Erstaunlichste aber waren die Geräusche, die diese Stämme von sich gaben, wenn ein stärkerer Windstoß kam. Es war wie das Knurren oder Gähnen eines Fabelwesens, eher ein behaglicher als ein erschreckender Ton, keinem der Laute von Menschen und Tieren vergleichbar, und Madru stellte sich vor, welche Genugtuung es bedeuten müsse, zu verstehen, was diese Riesen da murmelten oder beim Gähnen sich zuraunten.

Ase hatte Madru erzählt, der Bannwald sei Urwald, am Grund über weite Strecken unbegehbar und undurchdringlich für Menschen. Im Osten schütze Norrland die Miliz, im Westen die zerklüfteten hohen Gebirge, im Norden die Schneefelder und ewiges Eis, im Süden aber der Bannwald. Freilich könne jemand versuchen, ihn durch Feuer niederzulegen. Aber einen solch gewaltigen Frevel an Bäumen würde kein Norrländer wagen, und selbst den Barbaren im Süden seien die Sagen bekannt, die auf den Zusammenhang zwischen dem Untergang des Großen Waldes und dem Ende der Welt hinwiesen. Sie liefen Stunde um Stunde oben auf dem Pfad nach Norden, und Madru wurde nicht müde, immer wieder seinen Blick über die grüne Weite hinschweifen zu lassen, und immer wieder empfand er dabei ein Gefühl von Erstaunen und Begeisterung.

Der Himmel über ihnen war erst blau, ohne Wolken und flimmernd von Hitzedunst, dann kam Röte auf im Westen und endlich schien es, als sei ein großes, graues Wolltuch ausgeworfen worden, durch dessen Löcher die Sterne blitzten. Nach Sonnenuntergang überkam den Jungen ein Frösteln. Die Bilder der erschlagenen Männer stiegen erneut in ihm auf. Er sah ihre schrecklichen Wunden wieder und roch den Verwesungsgeruch.

Ein rasch an Stärke zunehmender Wind pfiff den Wanderern um die Ohren. Er ratterte und zerrte an den Wipfeln und schien von weit herzukommen. Von den Mammutbäumen klang jetzt ein zorniges, wie warnend klingendes Brüllen herüber. Der Wind wurde zum Sturm. Unter sich hörten sie jetzt manchmal das Splittern dürrer Äste. Madru spürte, wie seine Beine von der zunehmenden Abkühlung der Luft klamm und gefühllos wurden. Ase und er hatten jetzt alle Mühe, auf dem schmalen Bretterpfad nicht die Balance zu verlieren. Wenn sie sich miteinander verständigen wollten, mußten sie schreien.

»Wir werden absteigen müssen«, rief Ase durch das Geheul des Sturmes und die Zorneslaute der Mammutbäume Madru zu. »Die Geister der Männer, die jenseits des Sees begraben worden sind, kommen durch die Luft.« Es war jetzt stockdunkel, Wolkenfetzen schwappten vorbei. Sie waren stehengeblieben. Ase hielt den Jungen an den Schultern fest.

»Können wir denn hinunter?« fragte Madru.

»Dreihundert Schritt … ein Ausstieg.«

Der Sturm riß einzelne Worte aus dem Satz, zerfetzte die Worte zu Buchstaben. Schwankend gingen sie weiter. Ihre Kleider knatterten. Endlich deutete Ase mit der linken Hand nach unten. Madru erkannte Trittäste ähnlich denen, über die sie am See heraufgestiegen waren. Auch hier waren sie mit einem leuchtenden Farbstoff markiert, so daß man keine Schwierigkeiten hatte, sie in der Dunkelheit genau zu erkennen. Je tiefer sie stiegen, desto weniger war die Gewalt des Sturmes zu spüren. Schließlich war da in der Höhe über ihnen nur noch ein ferner, pfeifender Laut zu hören. Ein Sprung noch und sie standen auf dem Waldboden.

»Halt dich dicht bei mir« sagte Ase und ging voran. Es war dunkel und nur Umrisse von Büschen und niedrigeren Bäumen waren zu erkennen. Weiter entfernt war das Geräusch von Wasser.

Nach einer Weile blieb Ase stehen. Er ergriff einen Stab, der im Boden steckte und handhabte ihn wie einen Quirl. Nach einer Weile war ein schwaches Glühen zu sehen. Dann züngelte eine schmächtige Flamme. Vorsichtig nährte er sie mit dürrem Laub und modrigem Holz und legte nach einer Weile dann größere Äste nach. Im Schein des Feuers erkannte Madru, daß sie sich in einem nicht sehr dichten Gehölz am Ufer eines kleinen Sees befanden. Die Umrisse einer größeren und einer kleineren Hütte hoben sich aus der Dunkelheit.

»Willkommen in Ängratörn«, sagte Ase. »Es ist einer der Plätze«, erklärte er, »an denen unsere jungen Leute ihre Zeit in der Einsamkeit verbringen.« Dann begann er Holz aufzusammeln und trug es in die kleinere der beiden Hütten.

»Ruh du dich nur aus«, sagte er zu Madru und wies auf ein Moospolster. Verwundert setzte sich der Junge. Nach dem heftigen Wind und dem Gebrüll der Mammutbäume war die Stille hier geradezu unheimlich. Aber auch in der Höhe schien sich der Sturm nun völlig gelegt zu haben. Madrus Blick fiel dorthin, wo der Schein des Feuers die Dunkelheit nicht mehr aufhellte. Dort blitzten Augen von Tieren auf. Er sah nur die Augen die neugierig funkelten, aber sie wirkten nicht feindselig und er empfand bei ihrem Anblick keine Furcht. Ase kam zurück und sog hörbar die Luft durch die Nasenlöcher ein. »Ein Dachs muß hier gewesen sein«, erklärte er, »hast du ihn gesehen?«

»Nur seine Augen.«

»Das ist ein gutes Zeichen«, sagte Ase, »nun leg deine Kleider ab und geh dort hinüber in die kleine Hütte. Ich habe dir eine Sauna gerichtet.« Nackt betrat Madru den Innenraum der Hütte und sah sich um. Unter einem Steinhaufen brannte in der einen Ecke ein Feuer. An der gegenüberliegenden Wand gab es in unterschiedlicher Höhe zwei Sitzbretter.

»Setz dich zuerst auf das untere«, sagte Ase von der Tür her, »es wird rasch noch viel heißer werden hier drinnen. Aber du wirst sehen: es tut dir gut.«

Drauf ging er hinaus und schloß die Tür hinter sich. Madru kam es vor, als bohrten sich hundert winzige Nadeln in seine Haut. Er hatte Mühe zu atmen. Er mußte all seine Willenskraft zusammennehmen, um nicht aufzuspringen und hinauszurennen. Nach einer Weile merkte er, wie sich seine Muskeln entspannten und er gleichmäßiger atmete.

Ase schaute herein und sagte, er solle nun auf das höhere Sitzbrett steigen. Er trug eine große Tonschale, die mit Wasser gefüllt war und entleerte sie über dem Steinhaufen. Im Nu erfüllte eine Dampfwolke den kleinen Raum. Nur an dem knarrenden Geräusch der Tür merkte Madru, daß Ase wieder hinausgegangen war. Der Dampf war wie ein dumpfer Schlag, der ihn am ganzen Körper gleichzeitig traf. Das Herz schien mit seinen Schlägen den Brustkorb sprengen zu wollen. Die Hitze war jetzt auch in den Adern. Sie kreiste mit Madrus Blut, während die Nadelstiche auf der Haut noch heftiger schmerzten. Unangenehm aber war es nur für einen ganz kurzen Augenblick. Dann war es Madru so, als vergehe all seine Müdigkeit in der Hitze. Irgendwann steckte Ase den Kopf zur Tür herein und hieß ihn, herauszukommen, rasch zum See zu laufen und dort unterzutauchen.

Madru war erstaunt, daß ihm weder die Nachtluft noch das Wasser eigentlich kalt vorkamen. Es war, als sei seine Haut mit einer Schutzschicht aus Wärme umgeben, hinter der er die Kühle nur als etwas Fernes ahnte. Noch zweimal danach ließ ihn Ase den Wechsel zwischen Erhitzung und Abkühlung wiederholen. Dann gab er ihm ein großes Tuch zum Abtrocknen, das er in der größeren Hütte gefunden haben mochte, hieß ihn ans Feuer kommen und sich dort hinkauern. Er nahm Madru das Tuch ab und hängte ihm ein Schaffell mit langer Flocke um, das innen mit Moos ausgefüttert war.

»Wie fühlst du dich?« fragte ihn Ase. »Wach und erschopft zugleich.«

»Sieh vor dich ins Feuer.«

In dem kleinen Steinkreis, der die Feuerstelle einfaßte, war jetzt nur noch glosende Glut.

»Was siehst du?«

»Ich weiß nicht«, sagte Madru unsicher. »Ach, freilich weißt du es.«

»Die Glut eines Feuers.«

»Und du siehst doch wohl auch, daß im Steinkreis gegen alle vier Himmelsrichtungen hin größere Steine liegen.«

»Ja, jetzt erkenne ich es.«

»Präg dir die Lage der Steine und ihr Aussehen gut ein und dann sieh mich an.«

Als Madru seinen Blick hob und zu Ase, der ihm genau gegenübersaß und leise zu singen begonnen hatte, hinsah, floß eine große Müdigkeit durch seinen Körper. Es war, als komme von hinten eine Gestalt, die ein Netz über ihn werfe; als gehe von den Schnüren des Netzes ein Kribbeln aus, das etwas in ihm lähmte. Madru sah Ases Augen seltsam überdeutlich und glänzend. Das Gesicht des Alten wurde immer mehr von wachsenden Schatten überwuchert. Je weniger von den übrigen Gesichtszügen zu erkennen war, desto gebannter starrte Madru auf die funkelnden Augen. Dann gab es einen Moment, da die Lichter nach rückwärts fortwanderten, und als er ihnen nachschaute, fühlte er sich gezwungen, aufzustehen und ihnen zu folgen. Das führte ihn vor schwarze Pfützen, die größer und größer wurden bis er zwei Teiche sah, deren Ränder sich gegeneinander hin öffneten. Ein Strudel quoll auf. Madru stürzte in das schwarze Wasser. Ein Sog zerrte ihn abwärts. Er meinte zu spüren wie sein Herzschlag hinter ihm zurückblieb. Er sank und sank stehend, bis er endlich mit den Zehen Sand berührte. Dann ging er in die Hocke. Offenbar befand er sich in einer nächtlichen Landschaft, in einer schwarzen Wüste. Es war mäßig hell, wie nachts auf der Erde, wenn nur die Sterne in der Dunkelheit leuchten. Vor sich sah er wieder den Steinkreis, aber dort, wo vorhin die größeren Steine gelegen hatten, saßen jetzt Tiere. Im Osten eine Kröte, im Westen eine Elster, im Norden ein Dachs und im Süden ein Bär.

Der Bär erhob sich sofort auf seine Hinterbeine, kam auf ihn zu und umarmte ihn mit seinen gewaltigen Pranken. Madru war noch so verwirrt von dem, was er sah, daß er den Angriff des Bären, ohne zu reagieren, über sich ergehen ließ. Er spürte den Schmerz, als die Klauen des Tieres sich in sein Fleisch bohrten und den Biß der Zähne an seinem Hals. Sein Schädel schien zu bersten. Ein winziges weißes Wölkchen blieb über der Stelle seines Sterbens. Während der Bär immer mehr Fleisch aus seinem Körper riß und es auffraß, schwebte sein Bewußtsein in dem weißen Rauch, und er nahm alles wahr, was da vor sich ging.

Nachdem der Bär sich gesättigt hatte, schleppte er das Gerippe, an dem noch ein paar Fleischfetzen hingen, davon und verschwand in der Weite der schwarzen Wüste.

Ich bin tot, dachte Madru, der Bär hat mich getötet.

Er versuchte zu sprechen, aber die Worte gewannen keinen Laut. Erst jetzt regten sich die Kröte, die Elster und der Dachs.

Sie schienen über etwas miteinander zu beraten, und als sich der Junge anstrengte, verstand er auch, was sie sprachen.

»Ich werde sein Schlüsselbein finden«, sagte die Kröte.

»Ich spüre die Haut seiner Lippen auf«, sagte die Elster, »und alles übrige Fleisch.«

»Ich weiß, wo sein Herz liegt«, sagte der Dachs. »Der Bär hat es nicht gefressen.«

Sie machten sich davon und waren bald hinter dem Horizont verschwunden. Jetzt war das bedrückende Gefühl am schlimmsten, denn aus dem weißen Rauch sah Madru nur auf die leere schwarze Lavawüste hin.

Als erstes der Tiere kam die Elster wieder. Sie brachte erst seine Lippen und nach und nach alles andere Fleisch und legte es in den Sand. Dann sprang die Kröte herbei mit einem Knochen im Maul. Als Letzter kam der Dachs. Sein Fell war nicht mehr glatt wie vorhin, sondern struppig.

»Ho«, sagte er und legte ein zuckendes Herz unter den Knochen, »es gab jemanden, der hätte das Herz lieber für sich behalten. Aber so haben wir nicht gewettet. Nun wollen wir den Jungen wieder lebendig machen. Was schenkst du ihm für sein weiteres Leben, Kröte?«

»Ich schenke ihm, daß er jung bleibt, so alt er auch werden mag«, sagte die Kröte, »und wenn er einst stirbt, so soll er eines leichten Todes sterben und jene, die ihm am liebsten ist, soll er zuvor noch einmal wiedersehen.« Sie spie auf den Knochen und sogleich lagen da alle Knochen von Madrus Körper.

»Und was schenkst du ihm, Elster, ehe wir ihn nun wieder aufwecken?« fragte der Dachs.

»Ich schenke ihm einen Blick«, zwitscherte der Vogel, »der die Frauen veranlaßt, sich in ihn zu verlieben und die Männer für ihn einnimmt.«

Und als die Elster dies gezwitschert hatte, waren alle Haut, alle Muskeln und alles Haar wieder auf den Knochen.

»Ich schenke seinem Herzen Mut«, sprach der Dachs, »aber in seine Seele lege ich die Verpflichtung, den Großen Wald nicht zu vergessen … was er bedeutet, für uns Tiere und für die Geschöpfe, die nach uns kamen in diese Welt … die Menschen.«

»Also wecken wir ihn auf«, sagte die Kröte.

»Wartet noch«, sagte die Elster, »habt ihr vergessen, daß er sich selbst ein Viertes wünschen darf, solange er träumt, und daß wir es erfüllen müssen, was immer es auch sein mag?«

»Tatsächlich, das hätten wir beinahe vergessen«, sagte der Dachs erschrocken.

Aus dem Rauch sah der Junge auf sie und auf seinen Körper hinab, der ohne Bewußtsein war. Er überlegte, was er sich wünschen solle. Lange dachte er nach, und die Tiere warteten geduldig. Er dachte an dieses und jenes, aber wenn er es abwog gegen anderes, schien es ihm wieder nicht so wichtig.

»Es ist schwierig«, sagte er nach einer Weile aus seinem Traum, »ich weiß jetzt wohl, was es ist. Aber es fehlen mir die rechten Worte, es auszudrücken.«

»Versuch es nur«, sagte der Dachs, »so ins Unreine.«

»Ich will wissen, wie die Menschen leben müssen, damit sie glücklich werden.«

»Welch ein bescheidener junger Mann«, sagte die Kröte spitz.

»Es ist sein Wunsch … wie immer er lautet, wir müssen ihn erfüllen«, erinnerte sie der Dachs.

»Ich hatte schon immer eine Schwäche für Philosophie« zwitscherte die Elster.

»Es ist nichts mehr dazu zu sagen«, erklärte der Dachs, »es ist sein Wunsch, nicht eurer. Fort jetzt, ich wecke ihn auf.«

Madru spürte, wie etwas Feuchtes sein Gesicht berührte. Er hielt es für die Schnau-

quists Tochter, die starke Mara. Sie war ein Geschöpf mit einem wahren Gebirge von Busen, fleischigen Armen, einem Schmollmund und runden Wangen, die wirkten, als habe jemand Pfingstrosen darauf gemalt.

Sie prostete ihm, kaum daß man sich gesetzt hatte und die offiziellen Begrüßungsreden vorbei waren, vertraut zu, als ob sie schon alte Bekannte seien. Sie trug zuviel Schmuck auf dem Leib und ihre Bewegungen wirkten linkisch. Ab und zu brach sie, scheinbar ohne Anlaß, in ein glucksendes Kichern aus.

Wenn Madru sie ansah, wurde ihm unbehaglich zumute. Sie zeigte eine merkwürdige Mischung von Lüsternheit und Blödigkeit, die ihn abstieß.

Als Vorspeise beim Festessen gab es Austern. Madru hatte noch nie welche zu Gesicht bekommen, geschweige denn gegessen. Um sich nicht zu blamieren beobachtete er zunächst wie die anderen sie aßen. Diese graugallertartig Masse, auf die man ein paar Tropfen des Saftes einer gelben Frucht träufelte und dann teuren Pfeffer streute, erinnerte ihn an den Geruch der See und an den Blick von der Düne herab.

Auch das Brot war anders hier. Dünne, graue Platten, die Oberfläche gewellt. Mara kaute mit offenem Mund. Das Krachen drang über den Tisch. Als das Essen vorüber war, hielt der Fürst eine Rede und Lundquist antwortete darauf. Dann kam Ase an die Reihe, der es kurz machte, und ihm antwortete einer von denen mit den Biberhüten. So ging es weiter. Dieser und jener sprach. Madru wunderte sich, wie geschickt es alle verstanden, lange zu reden, ohne dabei irgend etwas von Bedeutung zu sagen; und weil er sich langweilte, trank er zuviel von dem schweren braunen Wein. Es entging ihm nicht, daß die starke Mara immer wieder versuchte, seine Aufmerksamkeit zu erregen. Das nahm er nicht weiter ernst, lächelte nur zurück, weil er nicht unhöflich sein wollte und der leichte Rausch, den er hatte, ihm eine lachende Gleichgültigkeit gab.

Erst gegen Mitternacht wurde die Tafel aufgehoben, und zwar mit einem Trinkspruch.

»Und so erhebe ich mein Glas«, rief Lundquist aus, »auf die segensreiche Vereinigung unserer beiden Häuser, die sich in dieser Nacht vollzieht. Möge sie unserem Land nützen, indem aus ihr viele Nachkommen hervorgehen, tapfere Männer und tugendsame Frauen …«

Es waren schon merkwürdigere Sätze an diesem Abend gefallen. Madru hob sein Glas und tat dem Kaufmann Bescheid. Er wunderte sich, daß Lundquist, ehe sie tranken, ihm aufmunternd zuzunicken schien. Der Kußhand, die ihm Mara über den Tisch hin zuwarf, maß er ebenfalls keine besondere Bedeutung bei. Zusammen mit Padur ging er in sein Zimmer, fand das Kissen unter seinem Kopf glatt und kühl, das Federbett weich und warm und versank rasch in einen tiefen, traumlosen Schlaf.

Er wurde geweckt von Kommandos, hastigen Schritten und Ausrufen des Erstaunens. Das ganze Haus schien auf den Beinen zu sein. War Feuer ausgebrochen? Im ersten Augenblick begriff Madru nicht, wo er war. Er richtete sich im Bett auf. Zusammen mit Padur war er schlafen gegangen. Padurs Bett dort drüben war leer. Madru schlüpfte schnell in seine Hose. Die Tür stand offen. Er trat hinaus auf die Galerie. Was er sah, ließ ihn vor Schreck erstarren. Es brannten einzelne Kerzen, die den großen Raum des Innenhofes nur mäßig erhellten. Unten, wo am Abend die Tafel gestanden hatte, stand jetzt ein großes Bett. In ihm lag nackt und rosig, und sich offenbar ihrer Blöße nicht schämend, die starke Mara und neben ihr, ein Laken bis ans Kinn hochgezogen, dreinschauend wie jemand, den man beim Äpfelstehlen erwischt hat, saß im Bett aufgerichtet Padur.

Über Treppengeländer und Brüstung der Galerie lehnten sich Diener, Kammerfrauen und Knechte. Die meisten waren unzureichend bekleidet. Die Nachthauben, Zipfelmützen und langen weißen Nachthemden gaben ihnen das Aussehen von Gespenstern. Um das Bett aber, als bestehe Gefahr, daß jemand daraus entkomme, standen mit gezogenen Schwertern die Türsteher des Lundquistschen Hauses. Eben ging eine Tür auf, und Lundquist, angetan mit einem Schlafrock aus schwarzer Seide, sein eisweißes Haar unfrisiert, betrat die Szene, freudig bewegt hob er die Arme und rief aus: »Die Ehe ist vollzogen. Nehmt meinen Segen, meine Kinder.«

Genau gegenüber aber ging nun eine andere Tür auf, aus der Bator hervorstürmte. Er stutzte, streckte den Kopf vor und rief dann verzweifelt: »Verdammt, es ist der Falsche! Es ist Padur. Wie konnte das nur geschehen?«

Sofort begann die starke Mara zu bitten und zu flehen: »Ich will ihn, ich will ihn … er ist mir recht.« Nachdem sie das sieben- , achtmal leiernd gesagt hatte, entstand eine Pause, und sie fügte fast flüsternd, als vertraue sie allen ein Geheimnis an, hinzu: »Er ist ein so schöner Mann!«

Lundquist und Bator standen sich mit geröteten Gesichtern gegenüber: »Wie ist das möglich?«

»Was weiß ich, aber nun gebt doch bitte mir nicht die Schuld.«

»Ich will ihn zum Mann«, zeterte Mara wieder, »nicht wahr, ich darf ihn behalten?« Sie legte ihren fleischigen Arm besitzergreifend um Padurs Schultern.

»Kommt der Bursche denn wenigstens aus einer adligen Familie?« erkundigte sich Lundquist bei Bator, offenbar schon halb entschlossen, sich mit den veränderten Umständen abzufinden. »Der Vater ist Gouverneur in den Westbergen«, erklärte Bator, »ein zuverlässiger Mann.«

Lundquist war zu seiner Tochter hingetreten, er tätschelte Maras Arm und sagte: »Nur ruhig, Kind. Du bekommst ihn ja … ist ja alles nicht so schlimm. Das bringen wir schon in Ordnung.« Er zog mit einem energischen Griff Padur das Laken fort, um damit die unbekümmert dargebotene Blöße seiner Tochter zu bedecken. Padur saß da, vornübergebeugt, die Hände vor dem Geschlecht. »Einen Kanzlisten fur den Ehevertrag!« rief Lundquist. »Ihr alle seid Zeugen. Ich erwarte die Herrschaften in einer halben Stunde in meinem Kontor.«

Während sie sich oben in ihrer Kammer ankleideten, entlockte Madru einem verstörten Padur, was geschehen war. Mitten in der Nacht hatte er ein Glöckchen klingeln hören. Beim ersten Mal dachte er noch, er habe geträumt. Beim zweiten Mal auch. Beim dritten Mal trieb ihn seine Neugier an. Er war aufgestanden, auf die Galerie hinausgegangen und hatte unten, beleuchtet von zwei Kerzen, die starke Mara sich auf ihrem Lotterbett verführerisch räkeln sehen.

Zuerst hatte er noch gezögert, aber dann, als der Notstand, der da vorlag, durch immer neue einfallsreiche Gesten und Posen nur zu eindeutig beschrieben worden war, hatte er gefunden, es sei wenig höflich, einer so dringlich vorgebrachten Einladung nicht Folge zu leisten. Er war hinuntergestiegen, nicht mehr im Sinn als ein beiläufiges Abenteuer, wie er schon manche gesucht und tapfer bestanden hatte. Als er das große Bett erreicht hatte, waren von Mara die beiden Kerzen noch ausgeblasen und ihm dann ein Empfang zuteil geworden, von dem er auch jetzt noch nicht abfällig zu reden bereit war.

Nur hatte es ihn gewundert, daß Mara bei ihren Umarmungen immer Madrus Namen statt des seinen murmelte. Mehrmals habe er ihr, so erzählte Padur, vorsichtig zu verstehen gegeben, daß er auf einen anderen Namen höre. Zuerst habe sie ihn ausgelacht, es einfach nicht glauben wollen, später dann habe sie gesagt, ob Padur oder Madru … für die Sache, um die es hier und jetzt gehe, sei das weiter nicht von Belang. Das habe ihn, Padur, denn doch gekränkt. Mit dem Hinweis, auch der tüchtigste Ringelstecher bräuche irgendwann einmal eine Mütze Schlaf, habe er sich verabschieden wollen. Da sei er aber bei Mara an die Rechte gekommen. Sie habe ihn gleich wieder in die Arme genommen. Dabei habe sie geflüstert, er sei für sie – Name hin oder her – der Richtige, sie habe es herrlich gespürt, wolle es wieder spüren, die Nächte seien so wundervoll lang um diese Zeit des Jahres. Plötzlich – er werde sich ewig schämen, wenn er sich wieder an diesen Augenblick erinnere – sei ihm einfach angst und bange geworden, sie könne ihn in ihrem Liebesrausch erwürgen. Laut und gellend habe er um Hilfe geschrien und sogleich sei die ganze Hausmannschaft herbeigeeilt.

So entging Madru der Liebesfalle, die ihm gestellt worden war, auf wunderbare Weise und Padur aus den Westbergen ward statt seiner mit der starken Mara kopuliert.

Für die in Aussicht genommenen Verträge, die der Fürst mit der Kaufmannschaft von Österstrand hatte schließen wollen, erwies es sich als Behinderung, daß der falsche Schwiegersohn ins Netz gegangen war. Mara war damit zufrieden. Die Pfingstrosen auf ihren Wangen blühten. Doch der Vater hätte sich gern mit dem Fürstenhaus verschwägert gesehen. Die Verhandlungen darüber, wer den Sold für die fünf Fähnlein Miliz und die Kosten für die Kette zur Sperrung der Hafeneinfahrt übernehmen werde, zogen sich hin. Die Kaufmannschaft von Österstrand wußte um die strategische Schlüsselposition ihrer Stadt. Sie forderte, der Fürst des Waldes müsse ihr, sofern sie für beides in barer Münze aufkomme, zweitausend Felle schicken, Fuchs und Eichhorn. Ase nannte diese Forderung horrend und gewissenlos.

Nachdem Hochzeit gefeiert und vierzehn Tage zäh geschachert worden war, einigte man sich auf tausend Felle in jedem Frühjahr. Man unterschrieb einen Schutz- und Trutzvertrag, in eben jenem Kontor, in dem nach jener turbulenten Nacht der Ehevertrag zwischen Padur und Mara aufgesetzt und besiegelt worden war.

Der Heimweg wurde ohne Padur angetreten, denn die Kaufmannstochter hatte darauf bestanden, daß ihr junges Eheglück nicht durch eine Trennung getrübt werde, und ehe sie ihre Schwiegereltern besuchen fuhr, wollte sie den so lang ersehnten Mann erst noch an der Küste ein wenig herumzeigen.

Es fiel schwer, nach dem bequemen Leben in der Hafenstadt sich wieder an das rauhere Dasein im Wildland zu gewöhnen. Die Rückreise ging langsam vonstatten. Bator hielt es für richtig, noch diesen und jenen Jarl aufzusuchen, ihm den Sternensohn vorzustellen und sich der Loyalität seiner Gastgeber und der in der Umgebung wohnenden Freisassen zu versichern. Madru wurde unruhig. Er träumte schlecht. Wenn sie auf einem der Jarlshöfe mehrere Tage blieben, streifte er durch die Bachauen und suchte nach Erlenbäumen. Er verharrte Stunden in der Kälte vor ihnen, versuchte in sie einzutreten, um so eine telepathische Beziehung zu Alissa herzustellen. Aber was ihm einmal ohne Anstrengung geglückt war, wollte ihm jetzt nicht gelingen. Er sprach mit Ase darüber. Der tröstete ihn, sagte, er dürfe nicht erwarten, daß solche Experimente schon ständig gelängen. Dazu habe er noch zu wenig Erfahrung.

Madru drängte Bator zu einer rascheren Heimkehr, doch dieser wurde von dem Jarl, bei dem sie zuletzt Station machten, zu einer Bärenjagd eingeladen. Madru hatte den Eindruck, als zögere Bator ihre Rückkehr in die Fürstensiedlung ganz bewußt immer wieder hinaus.

Bei der Bärenjagd schien es, als jage man ein Gespenst. Die Hunde stellten das Tier, aber noch jedesmal war es, ehe die Jäger herankamen, wieder verschwunden. Es war ein sehr alter Bär, schlau und gewalttätig. Manche sagten, man habe einen Widergänger vor sich, der in Bärenfellen gelle. Madru waren Bären unsympathisch. Die Jagd auf diese Tiere war ihm auch ein zu derbes Vergnügen.

Eines Vormittags, er war nicht mit der Jagdgesellschaft ausgezogen, hielt er es vor Unruhe kaum noch aus. Er nahm, um sich zu beruhigen, sein Bilderspiel hervor und zog drei Karten. Er deckte die Heckenrose, Weißdorn und Erle auf. Er schob die Karten wieder ins Spiel zurück, mischte und zog noch einmal zwei Karten. Diesmal waren es Efeu und Erle. Er überlegte. Die Erle war der Baum Brus, aber auch Alissas Baum. Der Efeu wies hin auf Zerstörung. Madru trat vor die Tür. Er war nicht erstaunt, im Halbkreis draußen Wölfe sitzen zu sehen. Sie schauten ihn erwartungsvoll an. Der Führer des Rudels kam eher zögernd näher. Sie musterten sich. Es war, als wenn sie miteinander sprächen. Madru legte seine linke Hand auf die Wolfspfote.

»Was ist mit ihr?« fragte er.

Jetzt hörte er, was sie untereinander redeten, was der Anführer sagte: »Die Gelegenheit war günstig. Der Erzdruide hat Alissa als Hexe anklagen lassen. Sie ist verurteilt worden. Er will sie auf dem Scheiterhaufen verbrennen lassen.«

»Was rätst du?«

»Wir fragen uns, ob du dich unser noch länger als Bundesgenossen bedienen willst. Das letzte Mal, als wir dir halfen, schien es, als ob du uns verachtetest.«

»Von Verachtung war nie die Rede! Eure Grausamkeit hat mich erschreckt.«

»Wir gehorchen deinem Befehl aufs Wort.«

»Nur ungern, wenn er unsere Kraft einschränkt«, rief eines der Tiere aus dem Halbkreis, »aber du weißt, auch wir haben das Mädchen gern.«

Madru überlegte.

»Nun sprich schon«, drängte der Anführer, »viel Zeit bleibt uns nicht mehr. Wir mußten warten, bis du wieder im Großen Wald warst, ehe wir zu dir kommen konnten.«

»Ich will nicht, daß jemand sterben muß ... weder sie noch einer von den anderen.«

»Gut. Aber wir könnten dem Erzdruiden und seinem Henker Beine machen.«

»Und was kann ich tun?«

»Besorge dir einen Hundeschlitten mit drei Gespannen. Fahr, so rasch du kannst, zur Fürstensiedlung. Halte draußen vor der Siedlung. Geh zu der Wiese hinter der Großen Halle. Dort ist der Richtplatz. Zeig den Leuten den schwarzen Stab. Wir werden an deiner Seite sein.«

Madru ging, befahl einen Schlitten anzuschirren. Jedem hielt er den schwarzen Stab hin. Das wirkte Wunder.

Er jagte mit dem Hundeschlitten zurück zur Fürstensiedlung. Schneller, ihr. Noch schneller. Die graue Schar war immer voraus. Das war auch ein Ansporn für die Hunde.

Als er ausschirrte, kamen viele Leute vorbei. Neugierige, die zum Richtplatz wollten. Es geschah nicht alle Tage, daß man eine Frau so sterben sah. Und nun gar des Fürsten jüngste Tochter. Er hörte sie sagen: »Eine Hexe ist sie und muß brennen« Sie hatten so gierige und mordlustige Augen. Leute, die harmlos aussahen. Leute, unter deren Dach er schon getanzt, gegessen und getrunken hatte. Leute, deren Gastfreundlichkeit und Fröhlichkeit beim Fest der Wintersonne er bewundert hatte. Jetzt hätte er am liebsten mit ihnen Streit angefangen. Als die Leute die Wölfe sahen, die an seiner Seite trabten, flüchteten sie schreiend, obwohl die Tiere ganz ruhig liefen und niemanden anfielen.

Sie erreichten die Wiese. Ein Holzstoß war aufgetürmt. Oben stand Alissa, gefesselt, im Büßerhemd, mit aufgelöstem Haar. Madru unterdrückte einen wütenden Schrei. Der Erzdruide wandte ihm und dem Wolfsrudel den Rücken zu, als sie herankamen. Guh verlas ein Urteil: »Wegen Zauberei und Blasphemie . . .!« Immer mehr Leute drehten sich nach den Wölfen um, musterten sie ängstlich und unsicher, wie sie sich verhalten sollten. »Und so befehle ich Euch, Henker, sie den Flammen zu überantworten.«

Auf dem Kopf trugen die Henker schwarze Kapuzen. Sie traten an ein Becken mit glühenden Kohlen, um ihre Fackeln zu entzünden. In diesem Augenblick ließ eines der Tiere einen jaulenden Laut hören. Guh fuhr herum. Eine Kette von Wölfen sah ihn an.

Madru hob langsam den schwarzen Stab. Guhs wütendem Blick hielt er stand. Er sah, wie sich in den Augen des Erzdruiden Furcht ausbreitete. Jeder erwartete, die Wölfe würden sich auf ihn stürzen, würden beißend in die Menge fahren. Nichts dergleichen geschah. Es wurde sehr still auf dem Platz. Nur das Hecheln der Tiere und das Knattern der Flammen war zu hören. Die Henker wagten nicht, Feuer zu legen.

»Voran!« brüllte Guh.

Die Henker standen zitternd. Madru schaute gespannt auf die Tiere. Sie bibberten und hechelten, aber sie rührten sich nicht von der Stelle.

»Fort mit euch!« rief der Erzdruide, auch er hielt seinen schwarzen Stab jetzt in der Hand. Er versuchte, die Tiere mit beschwörenden Armbewegungen fortzujagen.

»Besser Ihr geht, Guh«, sagte Madru ruhig, »Euer Spiel ist aus.«

»Wir werden sehen«, sagte der Erzdruide mit einem tückischen Lächeln. »Kommt«, sagte er zu den Henkern, »wir weichen der Gewalt.«

Madru reckte die Hand mit dem schwarzen Stab höher. »Ich frage euch, Leute, wer übt hier ungerecht Gewalt aus?«

Man hörte erste Stimmen, die forderten, man solle den Erzdruiden statt des Mädchens auf den Scheiterhaufen schicken. Der Erzdruide begann zu rennen. Die beiden Henker rannten hinterdrein.

»Ein paar Bisse in die Waden, das wäre ein Spaß«, hörte Madru einen der Wölfe sagen.

»Verderbt jetzt nicht alles. Wer hätte gedacht, daß es so ausgehen würde?«

»Wir!« sagte der Anführer des Rudels selbstbewußt.

Die Leute warfen staunende Blicke auf die Wölfe. Sie schickten sich an, Steine aufzuheben und Guh nachzurennen.

»Halt! Hiergeblieben!« rief Madru. »Bindet das Mädchen los. Den da …«, er wies auf den flüchtenden Guh, der sich beim Rennen umsah, »laßt laufen. Oder wollt ihr euch von den wilden Tieren beschämen lassen?«

Daß sie die Rolle der Retter übernehmen konnten, ließ die Zuschauer ihre Lust auf ein Opfer vergessen. Sie kamen mit Alissa zu ihm zurück. Madru sah Alissa an, die sich eine Haarsträhne aus der Stirn strich.

»Ich war sicher, daß ihr kommen würdet«, sagte sie und hängte sich bei Madru ein. So gingen sie ein Stück langsam unter den Wölfen. Dann, als sich ihre Erregung etwas gelegt hatte, blieben sie stehen.

»Danke den Wölfen«, sagte Madru.

Alissa kauerte sich hin, streichelte jedes Tier, nannte es bei seinem Namen, redete leise auf die Tiere ein. Die Leute, die Alissa eben noch hatten brennen sehen wollen, drängten sich heran. Jetzt wollten sie sich überzeugen, daß sie mit den Tieren sprechen, deren Sprache verstehen könne. Alissa redete leise mit den Wölfen, sprach beschwichtigend, zärtlich. Es wurde später viel gemutmaßt, was sie ihnen erzählt habe. Sicher ist soviel, daß die Tiere kurz darauf hintereinander ruhig auf den Waldrand zuliefen. Erst dort begannen sie schneller zu rennen und zu heulen, und später erzählte Alissa Madru, der Anführer habe gesagt: »Es ist anstrengend, zahm zu sein.«

Madru versorgte Schlitten und Hunde. Dann ging er in seine Zelle im Haus der Lehren und legte sich schlafen.

Als er am Morgen ins Fürstengehöft kam, hörte er, daß Bator immer noch nicht zurück sei, der Erzdruide aber und die Fürstin waren in einem Schlitten zum Paß in den Gebirgen im Westen aufgebrochen. Der Hauptmann der Miliz fragte, ob er ihnen nachsetzen solle. Madru merkte, daß man von ihm Befehle erwartete.

»Laßt sie laufen. Sie werden sich aus ihren Lügen selbst noch den Strick drehen«, sagte er.

An diesem Abend klopfte es an das Fenster seiner Zelle. Draußen stand Mola mit einem Licht in der Hand. Madru ging hinaus. Er wußte, was das zu bedeuten hatte. Er spürte, wie die Lust ihn überkam. »Paß auf«, sagte er etwas verlegen zu Mola, »daß der Wind dir dein Licht nicht ausbläst.«

»Es geht kein Wind heute Nacht. Es ist still. Nur die Sterne singen. Komm mit mir.«

Später betraten sie einen großen Raum in einem Haus. Im Kamin loderte helles Feuer. Die Alte hatte auf der Schwelle kehrtgemacht. Sie war wieder in der Nacht verschwunden.

In der Ecke neben dem Kamin war ein breites, bequemes Lager aus Schaffellen gerichtet. Auf dem Fußboden standen viele brennende Kerzen, die einen leisen, summenden Laut von sich gaben. Das Mädchen saß nackt mit angezogenen Beinen unter den vielen Lichtern.

Sie sagte: »Alissa hat dich zum dritten Mal gewählt.«

Ohne Hast kleidete er sich aus, hob sie auf und trug sie zu dem Lager.

ZWÖLFTES KAPITEL

Die Zeit in der Wildnis · Der Ledermann · Es stellt sich heraus,
daß es doch Zwerge gibt

DER EINSIEDLER
HASELNUSS

Unbekümmert lebten seit jener Nacht Madru und Alissa als Mann und Frau und freuten sich ihrer Liebe. Der Fürst, als er endlich von der Bärenhatz heimgekehrt war, schien angesichts der Ereignisse, die sich in seiner Abwesenheit abgespielt hatten, geradezu erleichtert. Er weinte seiner Frau keine Träne nach, und was Guhs Flucht betraf, so äußerte er zu Madru, sie enthebe ihn der unerfreulichen Pflicht, Guh als Hochverräter anklagen und hinrichten lassen zu müssen.

Ein neuer Erzdruide wurde gewählt, der Abt der Akademie, ein stiller Gelehrter, der sich mehr für die Etymologie der Sommer und Wintersprache interessierte, als für Politik und Kabale bei Hofe. Bator verheiratete seine beiden ältesten Töchter: die eine an einen Kaufmann in Österstrand – vielleicht, damit der Traum der Kaufmannschaft von einer Verbindung mit dem Fürstenhaus doch noch wahr werde und auf diese Weise die Kette vor dem Hafenbecken im Notfall besser halte –, die andere an einen Gouverneur im hohen Norden, was, wie spitze Zungen behaupteten, einer lebenslänglichen Verbannung gleichkam. Als die Kinder aus dem Haus waren, nahm Bator eine Mätresse, die fünfzehn Jahre jünger war als er.

Einer Heirat zwischen Madru und Alissa verweigerte der Fürst weiterhin seine Zustimmung. Aber er zeigte sich stolz und gerührt, als Madru ihn wissen lies, daß Alissa schwanger sei und sie beschlossen hätten, mit dem Kind auf dem Arm Hochzeit zu halten. Es gab nämlich in Norrland eine Sitte, so alt wie die dreifache Wahl des Mannes durch die Frau: Einem Paar gegenüber, das mit seinem Kind auf dem Arm in der Großen Halle erschien und angesichts der Großen Pappel und der Großen Erle erklärte, es wolle als Familie zusammenleben, war jeder sonst gültige Hinderungsgrund für eine Eheschließung null und nichtig.

»Nun gut«, sagte Bator, als er hörte, daß ihn seine jüngste Tochter zum Großvater machen werde, »dann wollen wir zum nächsten Fest der Wintersonne Hochzeit und Kindtaufe feiern und der Sternensohn wird an eben diesem Tag Fürst des Großen Waldes.« Madru hatte seine Studienzeit als Scholar im Haus der Lehren abgeschlossen. Bald würde er in die Wildnis ziehen. Die »Zeit in der Einsamkeit« war in Norrland für einen jungen Mann aus dem Stand der Vornehmen die Schwelle zwischen Jugend und Erwachsenendasein. Bevor ein junger Mann seinen Beruf auszuüben begann und eine Familie gründete, sollte er in dieser Zeit Gelegenheit haben, noch einmal über sich selbst nachzudenken. Er sollte schweigen und fasten. Er sollte sein Bildlerspiel daheim lassen. Er sollte sich ohne alle Ablenkung prüfen, ob er, nur auf sich selbst gestellt leben, allein überleben konnte. Als sichtbares Zeichen dafür, daß er sich in der Wildnis behauptet und bewährt hatte, brachte er aus der »Zeit in der Einsamkeit« eine Steinaxt mit heim.

Freilich gab es in Norrland längst Streit- und Werkzeugäxte aus Bronze, die von bestimmten Handwerkern angefertigt wurden, und somit war die Herstellung der Steinaxt ein Vorgang von symbolischer Bedeutung. Er zeigte eben an, daß man erwachsen war, Frau und Kinder durch seiner eigenen Hände Arbeit ernähren und erhalten konnte. In fast jedem Haushalt in Norrland konnte man in den Fluren und Dielen solche Äxte hängen sehen, und wenn die Rede auf sie kam, wurden abenteuerliche Geschichten über ihre Entstehung und den, der sie in jüngeren Jahren angefertigt hatte, erzählt.

War die Steinaxt fertig, so mußte man, der Sitte entsprechend, in der Wildnis nach einem Baum Aushorch halten, der danach rief, gefällt zu werden. »Aushorch« war in diesem Zusammenhang durchaus das passende Wort, denn angeblich riefen solche Bäume den, der sie fällen sollte, herbei. Und keiner vergaß, ein paar von den Holzsplittern, die dabei anfielen, aufzuheben, denn sie galten als Glücksbringer.

Das Kind, das in Alissa wuchs hatte sich schon bewegt als Madru seinen Aufbruch in die Wildnis vorbereitete. Alissa hatte in letzter Zeit viele schlechte Träume gehabt. Sie erzählte auch, sie habe Beunruhigendes von den Tieren gehört, aber als Madru sie bat, ihm Genaueres darüber zu erzählen, schüttelte sie den Kopf und sagte, sie wolle nicht, daß er in die Zeit der Einsamkeit kummervolle Gedanken mitnähme.

In diesen Tagen, bevor Madru in die Wildnis ging, verbrachten Alissa und er viele Stunden mit Gesprächen und Zärtlichkeiten. Das war an sich nichts Außergewöhnliches. Alle Liebespaare in Norrland hielten es so, und die Älteren behandelten die jungen Leute mit Nachsicht.

»Ach«, sagte man, wenn einer der beiden darüber seine Arbeit vernachlässigte, »laß sie doch. Der Junge geht in die Wildnis.« Madru aber gab sich der Täuschung aller Verliebten hin, daß sich nie ein junger Mann und eine junge Frau inniger geliebt hätten als er und Alissa. Er empfand Furcht vor der Einsamkeit, hielt es aber für unmännlich, auch nur ein Wort darüber zu verlieren. In dieser Beziehung glich er ebenfalls vielen anderen jungen Männern, die bezweifelten, daß sie der bevorstehenden harten Bewährungsprobe gewachsen sein würden.

Dann war der Tag da, an dem Madru aufbrechen sollte. Die meisten Mädchen und jungen Frauen begleiteten ihre Männer noch ein Stück über die Wiesen bis an den Rand des Bannwaldes. Madru aber bat Alissa, nicht mitzukommen. Es schien ihm leichter, in dem schönen Haus Abschied zu nehmen, das sie sich von ihrem Muttererbe gekauft hatte und in dem sie nach seiner Rückkehr zu leben gedachten.

»Versprich mir«, sagte sie zu Madru »dir um mich keine Sorgen zu machen. Meiner Liebe kannst du gewiß sein was immer auch geschehen könnte. Mola ist bei mir. Was sind drei Monate. Danach bleibt uns die Zeit eines ganzen Lebens.«

Jeder junge Mann, der in die Wildnis zog, hatte einen alten erfahrenen Mann als Paten, der ihn hinbrachte, darauf sah, daß er mit dem Nötigsten versorgt war, aber auch nicht mit mehr, und später holte ihn eben dieser Mann auch wieder heim. Madrus Pate war Ase. Er brachte ihn zu dem Platz, der Ängratörn hieß.

Sie nahmen diesmal nicht den Pfad über die Baumkronen, sondern bahnten sich auf dem Boden des Bannwaldes ihren Weg. Das war ein mühsames und anstrengendes Unterfangen, bei dem man sich leicht verirren und umkommen konnte. Während über der Fürstensiedlung und in den Wiesen das heiterstimmende Licht eines Sommertages lag, herrschte in dem Eichenwald, durch den sie gingen, ein von Modergeruch durchwehtes Halbdunkel, das sich alpdruckhaft auf die Brust legte. Über hingestürzte alte Bäume mußten sie steigen, in diesem Eichendickicht, unter das sich Eisbeerbüsche, Speierling und Wildbirnen mischten, und über dem sich noch ein Hochwald aus Fichten erhob.

Obwohl Madru in den zurückliegenden Monaten manches über den Wald, die Bäume und deren Bewohner, gelernt hatte, wurde ihm rasch klar, daß er ohne Ases große Erfahrung hier hoffnungslos verloren gewesen wäre. Das GigantischLabyrinthische des Bannwaldes, die Kraft, die er in sich einschloß und die er ausstrahlte, wurden ihm auf diesem Weg erst recht bewußt. Es war ihm, als sei dieser Wald ein einziges Wesen, mit tausenden Köpfen, Händen und Füßen. Schließlich, erst unmittelbar bevor sie Ängratörn erreichten, ging der düsterunheimliche Eichenwald in ein Erlengehölz über. Sie näherten sich der Lichtung am See von einer anderen Seite als damals, da sie vom Wipfelpfad abgestiegen waren. Hier wuchsen entlang eines Baches, der in den See mündete, neben hochstämmigen Erlen auch Moosbirken und Faulbaum, mannshohes Pfeifengras; Haselnußgebüsche standen an den trockeneren Stellen. Der Boden war mit einem Teppich von Blaubeerkraut bedeckt.

Es gab noch die große Hütte mit dem Feuerqurl und das Schwitzhaus, auch die Feuerstelle, an der sich damals die Reinigung von den Ausdünstungen der toten Seelen abgespielt hatte. Von der Wohnhütte sah man auf den kleinen See.

Auf einem Strand mit großen grauen und rötlichen Kieseln, die glänzten, wenn das anlaufende Wasser über sie hingeleckt hatte und die Sonne darauf schien, lag ein Ruderboot. Netze und Angeln waren vorhanden, Fallen, Spaten, Beil und Hammer, eine Zange, ein Jagdbogen, ein Wurfspieß und ein hölzerner Eimer.

Brennholz gab es mit den morschen Ästen, die die Frühlingsstürme abgerissen hatten, in Hülle und Fülle. Eine klare Quelle sprudelte nahe der Hütte.

Drei Säckchen holte Ase aus dem Rucksack. In dem einen waren getrocknete Früchte, Äpfel und Birnenschnitze, Pflaumen und süße Beeren, im zweiten luftgedörrtes, in Streifen geschnittenes Fleisch, in dem dritten Mehl um Fladen zu backen. Wenn diese Vorräte nach der Fastenzeit aufgezehrt waren, würde sich Madru selbst versorgen müssen. »Der Wald schenkt alles. Man muß nur suchen«, hieß der Satz, der ihm aus einer der ersten Lektionen bei Ase wohlbekannt war.

Ase wünschte ihm zum Abschied guten Mut und erklärte ihm, wenn er die ersten zwei, drei Tage überstanden habe, liege der unangenehmste Teil des Unternehmens hinter ihm. In neunzig Tagen komme er ihn wieder abholen und wünsche sich, ihn dann gesund und um viele Erfahrungen reicher hier wieder anzutreffen. Darauf ging er nach Nordosten davon.

Madru lief ihm nach und holte ihn ein, gerade noch ehe er den Baum mit den Steigästen erreicht hatte. Was es denn so Wichtiges gebe, fragte Ase unwirsch.

»Vergiß nicht, Alissa zu sagen, daß ich sie liebe.«

»Ist das alles?« fragte Ase sichtlich erbost, und als Madru nickte, meinte er brummend: »Kälberliebe!« Dann ging er auf den großen Baum zu und begann rasch in den Ästen aufwärts zu steigen. In den ersten Tagen fühlte sich Madru unglücklich. Er ertrug die Einsamkeit schlecht. Erinnerungen, die ihm Angst machten, stiegen in ihm auf, bedrängten ihn. Es war ihm später, als hätten die täglichen Saunabäder entscheidend mit dazu beigetragen, daß er danach ruhiger wurde, sich seine Stimmung besserte.

Dann begann eine Periode des Wohlbefindens, die er dazu nutzte, die Steinaxt herzustellen. Er hob dazu eine Grube aus, legte um einen unregelmäßig geformten Felsbrocken lange Birkenscheite. Er deckte die Grube mit einer Lehmschicht zu, jedoch so, daß weiterhin genügend frische Luft zugeführt wurde, um das so entzündete Feuer am Brennen zu halten. Bei den hohen Temperaturen in dem brennofenähnlichen Behältnis bekam der Stein an manchen Stellen Sprünge, ja es lösten sich manchmal schon beim Brennen flache Splitter mit scharfen Randflächen. Aus ihnen suchte man einen heraus und formte aus ihm durch Nachschleifen und Schmirgeln die Schneide. Für die Befestigung des geschliffenen Steinblattes am Schaft mußte ein bestimmter Baum gesucht werden, dessen bastartige Rinde allein dazu geeignet war. Endlich kam der Tag, an dem Madrus Axt fertig war und es sich erweisen mußte, ob sie tatsächlich als Werkzeug brauchbar war. Madru hatte sich nie so recht vorstellen können, was die Leute meinten, wenn sie erzählten, ein Baum habe danach gerufen, gefällt zu werden. Jetzt stellte er fest, daß jeder Baum, wenn der Wind weht, einen bestimmten Ton von sich gibt, aus dem sich mit einer gewissen Übung heraushören läßt, ob der Baum krank oder gesund ist. Er überlegte sich, daß diese merkwürdige Redewendung vielleicht nur sagen wolle, es gehe darum, einen kranken Baum zu fällen, die Übung aber den Zweck habe, die Sinne zu schärfen.

Er fällte den Baum und zerteilte ihn in neun Scheite, ein jeder so lang wie der ausgestreckte Arm. Er stellte sie auf ein Gestell zum Trocknen. Sie würden von dem nächsten jungen Mann, der seine Zeit in der Wildnis am Ängratörn verbrachte, als Brand für seine Grube benutzt werden.

Ein paar Späne hob er auch als Glücksbringer auf, und als all diese Arbeiten getan waren, beendete er sein Fasten und bereitete am Abend jenes Tages aus dem Inhalt des Säckchens sich eine Mahlzeit, die ihm so gut schmeckte, wie lange schon nichts mehr.

Da seine Vorräte trotz größter Sparsamkeit bald aufgebraucht waren, lernte er dann durch Fischen, Fallenstellen und Sammeln bestimmter Wildkräuter sich selbst zu ernähren.

An der Außenwand der Hütte hatte er eine Schiefertafel aufgehängt, die er bei seinen Streifzügen um den Ängratörn gefunden hatte. Auf dieser Platte standen schon dreiundsechzig Striche. Madru war bei guter Laune. Die Einsamkeit machte ihm nicht mehr zu schaffen, und er fand nun, jedem Menschen, der nicht eine Zeitlang allein in der Wildnis gelebt hatte, sei eine entscheidende Erfahrung entgangen.

Er hatte an jenem Morgen einen guten Fang gemacht und war auf dem Weg vom Strand hinauf zu seiner Hütte, um sich den großen Fisch, dessen Bauch weiß und rötlich schimmerte, gleich zu braten. Da sah er plötzlich einen fremden Mann vor sich. Wenn er sich zuvor manchmal sehnlichst einen Gesprächspartner gewünscht hatte, so versetzte ihn nun die plötzliche Anwesenheit eines Menschen in einen Zustand von gereizter Ablehnung, den er nur mühsam verbergen konnte.

Vielleicht war auch das seltsame Aussehen des Fremden daran schuld. Er war von Kopf bis Fuß in braunes Leder gekleidet, trug Halbstiefel, wie sie Madru in Norrland noch nie gesehen hatte, einen Lederanzug und eine Lederkappe mit einem Riemen unter dem Kinn, so daß sie am Kopf überall fest anlag und nur das Gesicht freiblieb. Es schien, als sei das viele Leder, das er auf dem Leib hatte, zu einer Art zweiter Haut geworden, und vielleicht bestand ja der ganze Kerl überhaupt nur aus Leder.

Er verbeugte sich knapp vor Madru, zog aus dem Schaft seines Stiefels ein gefaltetes und versiegeltes Blatt Papier und reichte es ihm.

»Wer seid Ihr?« fragte Madru.

Der Ledermann schüttelte den Kopf »Wo kommt Ihr her? So redet doch!«

Der Mann deutete in die Baumkronen. Madru begriff, daß er offenbar stumm war.

»Sollt Ihr eine Antwort abwarten?«

Der Bote schüttelte heftig mit dem Kopf.

»Aber Ihr werdet hungrig sein. Setzt Euch einen Augenblick. Ich bin gerade dabei, einen Fisch zu braten. Es ist genug für zwei dran.

Der Bote machte eine lächerliche Bewegung. Er riß die angezogenen Beine fast bis ans Kinn hoch, machte dann eine abrupte Kehrtwendung und rannte in Richtung des Baumes mit den Trittästen davon.

Madru schüttelte verwirrt den Kopf und besah skeptisch das Papier, das ihm der Bote übergeben hatte. Es war nicht üblich in Norrland, Briefe zu schreiben. Nachrichten ließ man gewöhnlich mündlich ausrichten. Papier, was man über Österstrand aus der Femwelt bezog, war etwas, worauf man Skaldenlieder, Gesetze oder wichtige Verträge schrieb, nicht Botschaften an junge Männer in der Waldeinsamkeit.

Madru sah auf das Siegel. Es war das Siegel des Fürsten, er erbrach es und las:

Mein Herr!

Wenn ihr wissen wollt, mit wem die Frau, die ihr liebt, Euch schamlos betrügt, so komm umgehend in die Fürstensiedlung. Nehmt den Weg in der Höhe. An seinem Ende werdet Ihr erwartet .

Einer der es gut mit Euch meint.

Der Brief war in der Frühlingsprache der Anderswelt abgefaßt. Madrus erste Reaktion war ein Wutanfall. Er knüllte das Blatt zusammen und wollte es ins Feuer werfen, das brannte, um den Fisch zu braten. Dann kam ihm ein Einfall. Der Bote konnte noch nicht weit gekommen sein. Er brauchte ihm nur nachzugehen. ohne daß der andere etwas davon merkte, und dieser Ledemensch würde ihn zu dem Schandkerl führen, der das geschrieben hatte. Er sprang auf und erschrak gleich noch einmal.

Vor ihm stand ein kleiner Mann, der ihm bis an die Knie reichte. Er trug eine rote Zipfelmütze, wie man das von Zwergen erwartet, eine grüne Jacke und Bundhosen aus Hirschleder. Sein Gesicht wirkte uralt. Er stand leicht vornübergebeugt da und stützte sich auf eine Krücke mit einem Griff aus Silber, der die Form eines Elfenwesens hatte, das wie eine große schlanke Libelle mit ausgebreiteten Flügeln aussah.

»Immer langsam«, sagte der Zwerg, »da haben wir denn doch auch noch ein Wörtchen mitzureden, wenn man sich unserer Sprache bedient.«

»Wer seid ihr?«

»Lassen wir das zunächst einmal auf sich beruhen … verschieben wir die Vorstellung auf später. Erlaubt, daß ich Euch erst einmal eine Frage stelle. Habt Ihr den leisesten Zweifel an der Treue der Frau, die Ihr liebt? Aber seid ehrlich.«

»Nein«, sagte Madru entschieden.

»Ihr seid noch jung und recht verliebt«, stellte der Zwerg fest. »Wohl wahr.«

»Nun … dann wäre soviel doch klar: Es handelt sich um eine Verleumdung, um eine Lüge.«

Madru nickte.

»Um eine ziemlich plumpe Lüge«, sagte Allwiss. »Und wohin wollt Ihr so eilig, wenn ich fragen darf?«

»Dem Schandkerl auf den Leib rücken, der das geschrieben hat, ihm den Hals umdrehen.

»Und wenn nun eben das bezweckt wäre, daß Ihr dem Boten nachrennt? Wenn am Ende des Weges in der Höhe Euer Mörder wartete und sich diesmal kein rettendes Wolfsrudel zeigte?«

»Meint Ihr, so könnte es kommen?«

»Ich meine es nicht nur, ich weiß es. Ihr werdet mir vielleicht zunächst keinen Glauben schenken, wenn ich Euch sage, daß ich alles weiß.«

Madru musterte den Zwerg von Kopf bis Fuß.

»Ja«, sagte der kleine alte Mann und deutete eine Verbeugung an, »ich bin Allwiss. Jener Allwiss … nun Ihr wißt schon.« Er machte eine Pause, um Madru Zeit zu lassen, sich von seinem Erstaunen zu erholen und sprach dann weiter: »Mit dieser Begegnung in frühester Zeit verhielt es sich übrigens etwas anders als man immer sagen hört. Mir war damals ein entscheidender Umstand nicht klar. Ich war der Meinung, wenn ich den Menschen sagen würde, was ich weiß, würde das Schlimmste nicht eintreten. Ich dachte, sie seien dann gewarnt ... hätten eine Möglichkeit, sich anders zu entscheiden. Aber das war ein Irrtum.«

»Wieso?«

»Weil alles ein Traum ist, und er ist schon geträumt. Ein langer, unendlich verwickelter, höchst komplizierter Traum von Zeit. Verstehst du, was das heißt: die Mondin ein Traum, Bri und Bru ein Traum, eure Welt ein Traum, die Menschen ein Traum und eines Nachts wird ein anderer Traum geträumt werden, und auch von ihm weiß ich schon den Inhalt. Es macht ziemlich melancholisch, soviel zu wissen und nichts daran ändern zu können. Aber was blase ich dir da die Ohren voll. Du hast andere Sorgen.«

»Nein«, sagte Madru, »was du da erzählst, scheint mir wichtiger zu sein.«

»Kannst du mir folgen?«

»So in etwa. Aber wenn alles schon entschieden ist, wäre es ja für den Einzelnen sinnlos, überhaupt noch etwas zu tun.«

»Im großen und ganzen entschieden. Und woher willst du wissen, ob das Leben des Einzelnen viel Einfluß auf das Endergebnis hat?« »Der einzelne Mensch«, rief Madru empört, »bedeutungslos?« »Lassen wir das«, sagte Allwiss, »in diesen Dingen bekomme ich mit den Leuten immer Streit. Soviel jedenfalls ist sicher: Weil träumend alles erschaffen und bestimmt worden ist, darum ist das Träumen selbst etwas Heiliges. Man kann sagen: wer gut träumen lernt, ist den Göttern nahe. Hat dir schon einmal jemand gesagt, daß du eine große Begabung dafür hast? Nein? Nun gut, dann erfährst du es jetzt. Bru hat mich herübergeschickt. Sie möchte sich deiner Fähigkeit, gut zu träumen, bedienen. Sie läßt dich grüßen und versichert dich ihrer Huld und Zuneigung.«

»Soll das heißen, daß Ihr aus der Anderswelt herübergekommen seid?«

»So ist es.«

» ... und auch wieder hinübergeht?«

»Tatsächlich hat sie mir erklärt, ich solle mich beeilen, sie werde mich bald zu einer anderen Mission brauchen.«

»Dann wißt Ihr auch, wie man von dieser Welt in die Anderswelt gelangt?«

»Erinnere dich daran, daß ich leider alles weiß.«

»Und die Übergänge?« fragte Madru begierig. »Sind es Löcher im Boden, kann man an einer bestimmten Stelle über die Mauer klettern? Ist sie irgendwo eingestürzt?«

»Nicht doch«, sagte der Zwerg, »das sind so Vorstellungen, wie sie diese Druiden den Sterblichen aufgeschwatzt haben, um sich wichtig zu machen. Tatsächlich sieht es ganz anders aus. Du wirst es ja selbst bald erleben. Und jetzt, leb wohl, mein junger Freund. Wir sehen uns bald wieder. Du wirst dann in einer etwas verzweifelten Stimmung sein. Deswegen verspreche ich dir schon jetzt:

Du sollst einen Wunsch frei haben ... einen Wunsch für etwas, das dir Freude macht.«

»Ein merkwürdiger Mann seid Ihr«, sagte Madru kopfschüttelnd, »wie kommt es, daß Ihr mir so ohne weiteres einen Wunsch schenkt?«

»Es war Brus Einfall, und der Wille meiner Herrin ist mir Befehl. Vielleicht sollte ich dich daran erinnern, daß sie dir gewogen ist.« Damit wandte er sich um und ging eilig fort. Madru sah ihm nach. Einen Moment wurde der Zwerg von einem Baumstamm verdeckt. Ein Stück weiter, und er mußte wieder zu sehen sein. Aber er tauchte nicht wieder auf.

Madru rannte zu dem Baum hin. Da gab es nichts besonderes zu sehen. Keine Höhle im Wurzelwerk, kein Kaninchenloch. Aber einen Steinwurf weiter sah er Haselnußsträucher. Die Blätter mehrerer Zweige senkten sich wie ein grüner Vorhang. Es fiel Madru ein, daß die Karte des Einsiedlers im Bilderspiel zugleich die Karte mit dem Haselnußstrauch war. Er war sicher: dort drüben, in diesem Busch, war der Zwerg verschwunden.

DREIZEHNTES KAPITEL

Zu Pferde in die Anderswelt
Die Nebelfrauen lassen den Tag zur Nacht werden

DIE PRÜFUNG
LÄRCHE

Etwas Bestürzendes geschah. Madru verlor sein Erinnerungsvermögen. Alissa, Ase, der Fürst des Waldes – zuerst wurden alle zu Schemen, dann sah er nur noch Fragmente, wenn er sich zu erinnern versuchte – eine Gesichtshälfte, eine Hand, eine Hüfte, das Lächeln, das um einen Mund spielt, dann gar nichts mehr. Es war, als würden von einer unbekannten Macht auch bestimmte Gefühle in ihm ausgelöscht.

Einmal fiel sein Blick auf die Schiefertafel, auf der er – bis zum Besuch des Boten und des Zwerges – jeden Tag, den er schon in der Wildnis war, mit einem Strich markiert hatte. Welche Empfindungen hatten sich einmal mit diesen Strichen verbunden? Er wußte noch vage, daß sie ihm wichtig gewesen waren, aber das Warum konnte er in seinen Gedanken nicht mehr aufspüren.

Es war gut jetzt, daß es die alltäglichen Beschäftigungen gab, die er verrichten mußte, um sich ernähren zu können. Er fischte, sah nach, ob Kaninchen in seine Schlingen gegangen waren. Einmal blieb er stehen, schaute den Wolken nach und dachte: jemand hat geträumt, daß sie dahintreiben. Ja, warum nicht? Er heizte mit Birkenscheiten die Schwitzstube. Er schwamm im See, und wieder fiel ihm ein: jemand hat geträumt, daß ich schwimme. Er bereitete sein Abendessen und holte von der Quelle Wasser. Er schlief und träumte von nichts anderem als vom Träumer, der diese Welt geträumt hat.

Tage vergingen. Er sammelte Kräuter für den Salat, den er sich mittags zubereitete, für den Kessel Tee, den er am Morgen kochte. Es ging ihm durch den Kopf, was Allwiss gesagt hatte. Wenn Träume solche Macht haben, dachte er, will ich lernen, selbst die Welt zu träumen.

Er dachte an das Bilderspiel. Er wußte nicht mehr, wo er es liegengelassen hatte. Eigentlich, überlegte er, sind die Karten ein Lehrbuch für Träumer. Wenn die Welt unterginge oder der Wald, und man hätte vorher einen mächtigen Traum geträumt … das wäre auch eine Rettung. Einen Traum, in den sich alle flüchten konnten, einen Traum der die Katastrophen nicht kennt.

Dann überkam ihn eine merkwürdige Unrast. Er ging wieder zu dem Haselstrauch, in dem der Zwerg veschwunden war und untersuchte das Gebüsch noch einmal genau danach, ob es dort einen Zugang zur Anderswelt gäbe. Außer einem lächerlichem Mäuselöchlein fand er nichts. Er verfiel ins Grübeln darüber, wo solche Stellen liegen mochten. Hohle Bäume, Gegenden, in denen die Waldblumen merkwürdige Muster bildeten, Erhebungen, unter denen sich vielleicht uralte Gräber verbargen, das Quellenloch, in dem man das Wasser aus dem Erdinnern aufsteigen sah? Ein Ufer, ein Dickicht, der Grund des Sees, über dem ein goldenes, rostbraunes Licht stand? Er lief umher, beobachtete, kletterte, tauchte im See. Wie ein Spürhund kam er sich vor und wußte zugleich, daß alles vergeblich war. Nachts wachte er auf mit der Frage, wo er am nächsten Tag suchen solle und geriet in einen Zustand nahe dem Wahnsinn. Er aß nicht mehr. Zufällig sah er sein Spiegelbild im Wasser und erkannte, daß ihm ein struppiger Bart gewachsen war.

Zum Schluß saß er auf dem Strand, zusammengekauert, auf den Fersen hockend, das Kinn auf den Knien und starrte auf die Wasserfläche hin. Kleine Wellen brachen sich am Strand. Einmal meinte er, in ihrem Aufblitzen den Zugang zur Anderswelt gefunden zu haben. Bei einem Sturm waren Algen angespült worden. Die angetrockneten Fäden und Büschel, waren sie ein Spruch, eine Mitteilung? Er fühlte sich leer und erschöpft. Er unternahm eine letzte, verzweifelte Anstrengung, Erinnerungen in sich aufzuspüren. Er wußte jetzt nicht einmal mehr, wo er geboren war, alle Bilder aus seiner Kindheit waren in ihm verschwunden. Er kam sich vor wie jemand, der langsam den Boden, auf dem er steht, zerbröckeln spürt. Gleich würde er ins Nichts stürzen.

Etwas zwang ihn, aufzublicken. Es war ein klarer Abend. Die Silhouette der Bäume rings um den See stand schwarz und scharfumrissen da. In dem wolkenleeren, türkisfarbenen Himmel zeigte sich eine schmale Mondsichel, die etwas Grausames hatte. Vom anderen Ende des Sees rollte eine Nebelbank heran. Das geschah häufig um diese Jahreszeit. Es bedurfte dann nur eines Windstoßes, und der Nebel löste sich sofort wieder auf. Jetzt aber wurde er dichter und dichter, und bald war von der Landschaft vor ihm, von dem Haus in seinem Rücken, ja selbst von dem Boot, das nur einen Steinwurf zu seiner Linken auf den Strand gezogen lag, nichts mehr zu sehen. Die wabernde wattige Weiße blieb. Er hörte ein Wiehern und Schnauben. Dann hoben sich, zunächst nur für Augenblicke, später ganz deutlich, die Umrisse von zwei Reiterinnen aus dem Nebel. Die eine zog an einem kurzen Strick ein drittes Pferd, das ungesattelt war, hinter sich her.

Beide Frauen hatten kurzes Haar, das schwarzbläulich wie Rabengefieder schimmerte, während ihre bloßen Arme und ihre Gesichter so aussahen, als seien sie mit kreidigem Schlamm bestrichen.

»Da sitzt er!« rief die eine, deutete auf ihn, und beide lenkten jetzt ihre Pferde hinab zur Erde. Als die Hufe die Kiesel des Strandes berührten, sprangen zwar einige Steine auf, aber es gab keinen Laut. Die Frauen ließen ihre Pferde frei. Das eine schüttelte den Kopf, als wolle es etwas abstreifen. Gleich darauf waren alle Tiere im Nebel verschwunden.

Madru musterte die Frauen, die näher kamen. Langsam, als hemme etwas den Lauf der Zeit.

Die eine war groß und hager und in der Mitte ihrer Unterlippe stand ein riesiger grüner Zahn vor. Die andere war eher fällig und gedrungen. Beide trugen lange graue Röcke aus Spinnweben und Blusen, die aus Mohnblättern zusammengenäht waren.

»Ein hübscher Bursche«, sagte die Dicke, »sie hat keinen üblen Geschmack, wenn es darum geht, ihre Ritter zu wählen.«

»Erinnere dich daran, liebe Schwester«, sagte die Hagere, »was sie befohlen hat. Wir sollen ihn zu ihr bringen, so rasch wie möglich und ohne Umweg und Aufenthalt.«

»Den Lohn ist auch er uns schuldig. Und ich gedenke ihn einzumahnen. In einer Nacht schaffen wir die Reise ohnehin nicht«, sagte die Dicke, »laß uns also bis zu unserem Haus reiten und den Tag über dort rasten.« Sie lächelte lüstern.

»Es ist noch nicht raus, ob er in deinem Bett schläft, Peg!« »Das findet sich dann, Jenny Grünzahn. Er wird wählen.«

»Wette, daß du schlecht abschneidest Schwester. Du bist feist geworden über den Winter. Das viele ›Schlehenfeuer‹!«

»Es gibt Männer, die haben etwas dagegen, wenn sie sich überall an Knochen stoßen.«

»Ein unerschöpfliches Thema«, erwiderte Jenny und zuckte die Achseln, »sehen wir zu, daß wir den Kerl in den Sattel hieven und den Weg unter die Hufe kriegen.«

»He, du!« sie tippte Madru mit einem knöchernen Finger auf die Schulter, und es kam ihm vor, als berühre ihn ein Eiszapfen, »wir müssen los. Hab keine Furcht vor dem Gaul. Er sieht gewaltig aus, gellt aber zahm wie ein Schaukelpferd.«

Sie holte eine kleine silberne Pfeife hervor. Ein schriller Ton erklang und sofort kamen die drei Pferde angetrottet.

»Was soll das alles?« fragte Madru mürrisch.

»Oh, auch so einer von denen, die es ganz genau wissen wollen«, maulte Peg, »die Sorte kenn ich.«

»Nicht der«, sagte Jenny Grünzahn, »er kann sich an nichts mehr erinnern.«

»Juhhe!« rief Peg. »Dann wird es lustig.«

»Benimm dich doch«, zankte Jenny und versetzte ihr einen Knuff mit ihrem spitzen Ellbogen. Dann fügte sie tadelnd hinzu: »Es gibt Leute, die wirklich nur das Eine im Kopf haben.«

»Wie«, krächzte Peg, »tu doch nicht so, als hättest du keinen Spaß daran.«

»Immer noch gehabt«, sagte Jenny, »also, junger Mann, wenn wir den Auftrag bekommen, einen rüberzuholen, muß er sich's schon heftig gewünscht haben. Das ist die Voraussetzung. Offenbar hat Bru einen Narren an dir gefressen. Wenn dem so ist, kannst du's bei uns ganz schön weit bringen. Sie sagt, wo's lang geht. Ne flotte Person. Steht tipptopp in der Wäsche, würde ich sagen. Wir sind nur ihre Büttel. Schwerer Job das. Geht nicht immer auf die feine Art ab. Na, denn mal los!«

Madru blieb keine Zeit, sich lange zu besinnen oder noch weitere Fragen zu stellen. Sie stießen ihn mehr auf sein Pferd, als daß es ihm aus eigener Geschicklichkeit gelungen wäre, auf dessen Rücken zu gelangen, und im Nu waren sie selbst im Sattel. Jenny Grünzahn rief: »Hussa!« und Peg: »Yerrah!«, und schon erhoben sich die Tiere mit einem mächtigen Satz in die Luft.

Madru bekam gerade noch die Mähne seines Gauls zu fassen und hielt sich dort mit beiden Händen krampfhaft fest. Sie hatten inzwischen eine schwindelerregende Höhe erreicht.

Über dem Wald, der hinter dem See lag und eine gewaltige Ausdehnung hatte, aber aus größerer Höhe immer kleiner wurde, stand ein Regenbogen.

Etwas klirrte, schepperte, zersprang. Winzige, in den Spektralfarben leuchtende Teilchen flogen Madru um die Ohren, und er erkannte jetzt, daß es nicht, wie er immer sagen gehört hatte, eine Mauer war, die die beiden Welten voneinander trennte, sondern eine hohe Wand aus Kristall. Sie waren offenbar bewußt mit den Pferden mitten hineingeritten. Ein Riß, ein Sprung war entstanden, und durch ihn hindurch waren sie hinübergelangt.

Madru wandte sich neugierig um, ohne die Mähne des Pferdes los zu lassen.

Dort, wo die Kristallwand ganz unversehrt war, sah man den Wald nur noch recht verschwommen. Nur durch die Bruchstelle sah man die Menschenwelt klar und deutlich. Und jetzt flogen sie schon über eine ganz andere Landschaft, eine öde bräunlichviolettgraue Heide. Jenny Grünzahns Pferd richtete sich auf den Hinterbeinen auf. Es schnaubte und aus seinen Nüstern stob schwefelgelber Atem. Sie zwang das Tier mit den Zügeln zum Gehorsam und lenkte es um die Hinterhand. Sie galoppierte jetzt nicht mehr waagerecht zum Erdboden, sondern tatsächlich senkrecht. Es schien, als wolle sie mit ihrem Pferd in den Himmel reiten, wo gerade die ersten Sterne zu funkeln begannen. Sie machte sich an der einen Satteltasche zu schaffen und holte etwas heraus. Ein Blitz fuhr, kaltes Feuer versprühend, über die Wand aus Kristall und die Bruchstelle war wieder verschlossen.

Die Frauen ritten voraus und gaben die Richtung an. Madru machte sich gar nicht mehr erst die Mühe, sein Pferd zu lenken. Es schien einem Zauber zu gehorchen. Bald senkten sich die Tiere wieder, und als die Hufe dann den Boden berührten, nahm das Tempo des Rittes zu.

Zuerst erschien die Heidelandschaft Madru einsam und verlassen, aber nach geraumer Zeit sah er, daß die Nacht voller Wanderer war. Es waren jeweils ganze Abteilungen, Haufen, Kolonnen und Gruppen, die offenbar alle einem bestimmten Ziel zustrebten. Während sie an ihnen vorbeiritten, blieben manche stehen, winkten ihnen zu und grüßten, während andere keine Notiz von ihnen nahmen und weitermarschierten. Trotz des schmalen Mondes war es hell genug, um Einzelheiten erkennen zu können. Zunächst war Madru von dem ungewöhnlichen Aussehen der Gestalten verwirrt und wußte nicht, wofür er sie halten sollte, bis ihm seine Begleiterinnen erklärten, daß dies alles Wesen seien, die in den verschiedenen Bäumen und Sträuchern wohnten, und sie nannten ihm auch jeweils die Namen, unter denen sie in der Anderswelt bekannt waren.

Da gab es die Tannenalben, die weiße Gesichter mit roten Augen hatten. Auf dem Kopf trug jeder von ihnen einen Helm aus Tannenzapfen und in den Händen hielten sie überlange Holzspieße. Die Weißdornwichte erkannte man daran, daß ihnen die Nase wie ein überlanger Dorn aus dem Gesicht ragte. Sie hatten lange dünne Ohren, stockdünne Leiber und spitze Kappen, die aus den Häuten von Pilzen zusammengenäht zu sein schienen und in einem langen, spiralförmig gedrehten Wurzelhaar ausliefen. Die Eschenormen waren abweisend und finster. Sie schleppten sich an den Stämmen samt Wurzelwerk ab, in denen sie gewöhnlich wohnten. Breitgesichtig und grauhaarig kamen die Holunderhulden daher. Sie hatten ihre Schürzen aus Kohlblättern gerafft und hielten darin die blauschwarzen Früchte ihrer Sträucher.

Die Haselnußbolzen waren, verglichen mit Maßen des menschlichen Körpers, kniehoch, hatten Mardergesichter und Raffzähne. Sie hielten Steinschleudern in den winzigen knolligen Händen. Barhäuptig, die ovalen Gesichter schwarzweiß gescheckt, latschten die Birkenkerle dahin, unbewaffnet. Aber die Frauen wiesen im Vorbeireiten auf die überlangen Fingernägel in der linken Hand, und erzählten, wenn sie damit jemanden am Kopf berührten, wachse ihm kein Haar mehr. Es bleibe ein weißes Mal und der Betreffende sei um den Verstand gebracht.

Mit Dreschflegeln und hölzernen Gabeln bewaffnet waren die Apfeltruden, dralle schnucklige Dirnen, rotbäckig, mit strammen Waden, die moosgrüne Wollstrümpfe zierten.

Die Eichenhenker hielten auf eine geschlossene Marschformation. Wenn man in ihre Gesichter schaute, zuckte man unwillkürlich zurück, denn da sah man keine Augen, keinen Mund und keine Nase, sondern glatte Haut, auf die sie Aschenkreuze gemalt hatten. Auf der Stirn wuchs ihnen ein riesiges Geweih. Statt Händen hatten sie Klauen wie Raubvögel, und am Kinn traten Hauer wie bei einem Wildschwein hervor.

Die WeidenDilldapps erschienen Madru wie Esel, denen lichtgrüne Ruten als Haare zu Berge stehen. Sie hatten vier Beine und zwei Arme und trugen wuchtige Keulen geschultert.

An der Spitze des langen Zuges marschierten die Heckenrosenamazonen, nacktbrüstige Fräulein, die Haut mit feinen Stachelhärchen besetzt, zwischen den Zähnen sichelförmige, gefährlich funkelnde Klingen.

Freilich erkundigte sich Madru bei seinen beiden Begleiterinnen auch danach, wohin all diese Baumwesen denn unterwegs seien und warum die meisten von ihnen bewaffnet daherkämen. Aber darüber verweigerten die beiden jegliche Auskunft und meinten, das werde er noch rasch genug erfahren, wenn sie zu Bru, ihrer Königin, kämen.

Die ganze Nacht ritten sie durch eine Landschaft, die sich kaum veränderte. Ein Anflug von Helligkeit ließ sich nahe dem Horizont ahnen, da tauchte auf der Heide ein alleinstehendes, kurioses Gebäude auf. Es sah aus wie ein großer rechteckiger Turm, auf den man eine Hütte mit einem Strohdach abgestellt hat, und dort, wo die beiden so unterschiedlichen Gebäude sich berührten, stand in der Luft ein breiter Nebelstreif. Das turmartige Unterteil erwies sich als ein Stall, in dem die riesigen Gäule, mit denen sie durch die Nacht unterwegs gewesen waren, eingestellt wurden. Eine Wendeltreppe aus Elfenbein führte nach oben zu einer Falltür, durch die man das Wohnhaus betrat. Im Flur brannten schon Fackeln. Madru sah, daß die Wände nicht aus Stein und Mörtel, sondern aus einem Gewirr von ineinander verschlungenen Pflanzen bestanden. Während er sich noch umschaute und sich über die merkwürdige Bauweise wunderte, erschien Jenny Grünzahn, die sich in der Küche zu schaffen gemacht hatte, mit einem Krug und einem Becher und sagte, indem sie ihm eingoß: »Trink das, dann wirst du eine gute Nacht haben.« Dabei sah sie ihn aus ihren schrägstehenden Augen frech und herausfordernd an. Obwohl er vermutete, daß ihm da alles andere als ein Schlaftrunk kredenzt wurde, trank er. Die Flüssigkeit schien eine Mischung aus Wein, Eigelb, Nelken und Zucker zu sein. Kaum hatte er ausgetrunken, da ging mit den Frauen eine Veränderung vor sich. Waren sie ihm bisher als schlampigältliche Vetteln vorgekommen, so standen sie nun nackt als junge Mädchen vor ihm. Die eine war eher schlank, mit kleinen, spitz zulaufenden Brüsten und schmalen hohen Beinen. Die andere hatte einen prallen, üppigen Busen, breite Hüften und einen ausladenden Hintern. Sie hatten nun auch nicht länger schwarzes Haar, sondern waren erblondet. Der Schlanken fiel das lange Haar in einem Schwall über die Schulter und umspielte mit einer Locke ihren Busen. Die Dralle hatte ihr Haar hochgesteckt. Es krönte ihren Kopf wie ein Knäul Schlangen.

»Nun wähle«, sagten sie wie aus einem Mund, »mit welcher von uns beiden möchtest du das Bett teilen?«

»Und wenn ich sagen würde mit keiner?« fragte er lachend »Das ist gegen die Abmachung. Eine Nacht mit den Männern, die wir holen … darin besteht unsere Belohnung.«

»Wie praktisch«, sagte Madru »eigentlich gefallt ihr mir beide »Guuut!« rief Peg. »Wie vernünftig« sagte Jenny. »Bleibt nur noch eine Frage« fuhr Peg fort.

»Und die wäre?«

»Eine von uns beiden müßte dir doch ein bißchen besser gefallen als die andere. Wir pflegen nämlich zu wetten.« »Meine Lieben«, sagte er und legte je einen Arm um die Hüften der einen und der anderen »wäre es wohl erlaubt, darauf zu antworten, wenn der Morgen anbricht?«

»Wenn es wieder Nacht wird, meinst du«, verbesserte ihn Peg und schob seine Hand dabei weiter nach unten, so daß sie auf ihrem breiten Hintern lag.

Die Fackeln erloschen, und sie gingen in einen Raum, der hatte keine Fenster. Leuchter mit Kerzen brannten. Das Bett war ein mächtiger Vierpfoster mit einem Baldachin. Auf eine Bordüre waren Verse gestickt. Madru, immer darauf aus, etwas über Zauber zu erfahren, las noch, während die beiden Schönen im Bett schon mit Armen und Beinen erwartungsvoll winkten. Da stand:

ACH, WESTWIND SAG, WANN BLASEST DU,
DASS DER KLEINE REGEN FÄLLT?
ACH, WÄR' MEIN LIEBSTER HEIM VON SEE,
UND ICH MIT IHM ZU BETT
UND FERN VON ALLER WELT.

Er versuchte, den Spruch auswendig zu lernen, aber da bliesen sie rasch die Kerzen aus und riefen ungeduldig: »Nun komm schon! Wir lehren dich bessere Reime.« und: »jetzt wirst du aber wohl doch wählen müssen.«

Lachend schloß er die Augen, ließ sich ins Bett fallen und sagte: »Ich wähle blind.«

Es wollte Madru vorkommen, als ob dies ein ganz besonders langer Tag sei. Da aber viele der zärtlichen Spiele, die seine beiden Freundinnen mit ihm spielten, für ihn neu waren, und er Freude daran hatte, wie ihnen dabei immer wieder Hören und Sehen verging, spielte er sie immer wieder mit ihnen; und die beiden Frauen fanden, so reichlicher Lohn sei ihnen schon lange nicht mehr gezahlt worden. Endlich aber schliefen alle drei ein, ohne daß Madru der Urteilsspruch abverlangt worden wäre.

Er schlief traumlos und tief, bis ihn ein klägliches Miauen weckte. Er ging dem Laut nach, verließ das Zimmer, kam in die Küche und sah durch das Fenster, daß es draußen schon anfing dunkel zu werden.

Eine dreifarbige Katze drückte ihr Gesicht an die Scheibe. Er öffnete das Fenster, und sie sprang, immer noch laut miauend, herein. Sie lief voran zu einem Faß, in dem er Milch fand. Er gab der Katze zu trinken. Sie rieb ihr Fell an seinen nackten Beinen. Er sah draußen die Falltür und horchte. Es kam ihm merkwürdig vor, daß gar keine Geräusche von den Pferden heraufdrangen. Er öffnete die Falltür und blickte in einen hohen Saal, ganz und gar mit dunklem Marmor ausgekleidet.

Die Wendeltreppe war geblieben. Er stieg vorsichtig hinab und sah, daß da drei Tische aus weißem Marmor standen. Auf jedem lag ein Besen und ein Stengel Kreuzkraut. Es war ihm unheimlich zumute. Er wollte zur Stalltür hinaus. Da war keine Tür, sondern statt ihrer ein Spiegel mit einem Schafvlies verhängt. Wütend riß er es herab. Was er vor sich sah, war nicht sein eigenes Bild, sondern dies:

VIERZEHNTES KAPITEL

*Im Stall der Zauberpferde, und was Madru im Spiegel unter
dem entsprechenden Schlafvlies sieht*

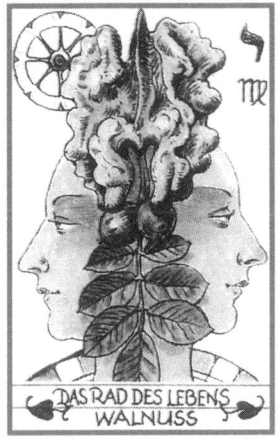

Kein Zweifel, es war die große Halle. Madru erkannte die mächtigen Stämme von Pappel und Erle. Er sah die gesund und frisch dastehenden Segensbäume. Sein Blick ging hin über den versteinerten Baumstamm mit den beiden Inschriften. Wie damals bei seiner Inthronisierung saßen die Freisassen in Reihen an den langen Tischen. Wie damals: an der Westwand der Tisch der Vornehmen, erhöht auf einem Podest.

Madru erkannte den Fürsten, Ase, die beiden ältesten Töchter des Fürsten und deren Ehemänner. Neben ihnen aber, auf dem Ehrenplatz in der Mitte saß ein Mann, den er nie zuvor gesehen hatte. Er wirkte klein, untersetzt und trug auf dem Fest, das hier offensichtlich im Gange war, eine schwarze mit Gold eingefaßte Rüstung. Auf dem Harnisch ein geflügeltes Schiff. Vor ihm auf dem Tisch neben dem Teller lagen ein langes Eisenschwert und ein Dolch. Der Mann war kahlköpfig und hatte einen langen dünnen Ziegenbart unter dem Kinn, an dem er häufig herumzupfte, obgleich dieser aus kaum mehr als sechs, sieben Haaren bestehen mochte. Wie durch Eingebung wußte Madru, daß es König Lausbart war. Er war also gekommen. Um Tribut einzutreiben oder um Rache zu nehmen? Ihm rechts zur Seite saß Alissa in einem weiten Gewand, bleich, etwas aufgedunsen im Gesicht. Dann kam Mola. Sie runzelte verächtlich die Stirn, als wolle sie dagegen protestieren, hier mit dabei sein zu müssen.

In dem Augenblick, da er in den Spiegel sah, war Madrus Erinnerungsvermögen zurückgekehrt. Er empfand jetzt Sehnsucht nach Alissa. Er wußte wieder, wie das Zimmer aussah, in dem sie schlief. Er spürte ihren Geruch, hörte den Tonfall ihrer Stimme. Er wußte auch wieder, wo in seiner Zelle sein Bilderspiel lag. Im Spiegel sah er jetzt, wie durch einen kleinen Durchlaß im weiterhin geschlossenen Osttor ein Mann die Große Halle betrat, der genau so von Kopf bis Fuß in Leder gekleidet war wie der Bote, der ihn in Ängratörn aufgesucht hatte. Der Ledermann lief durch die Halle, an den langen Tischen vorbei, in denen die Gäste den Speisen und Getränken zusprachen, auch Rauschmoos war schon gereicht worden. Es fiel Madru auf, daß unter den Freisassen ungewöhnlich viele Fiedler saßen.

Der Ledermann mit dem Brief fiel ihm ein. Wut stieg in ihm auf. Scham überkam ihn, weil in einer entfernten Ecke seines Bewußtseins doch auch ein Fünkchen Zweifel aufgeglommen war. Der Ledermann ging zu der Tafel, an der die Vornehmen saßen. Er trat hinter Lausbart und flüsterte ihm etwas ins Ohr. Der nickte, hob die Hand und rief in den Saal: »Freunde und Untertanen! Eben meldet man mir, daß der Tribut angeliefert worden ist. Viertausend Felle. Welche Freude! Nun ist wieder Frieden und Freundschaft zwischen Svea und Norrland. Ich eile, um einen Blick auf die Pelze zu werfen, die ihr mir geschenkt habt. Ihr macht mich glücklich, meine Untertanen. Haltet euch bereit. Wenn ich zurückkomme, soll getanzt werden.«

Schon bei der Anrede »Untertanen« war ein Raunen des Unwillens durch die Große Halle gelaufen. Als das Wort »Tribut« fiel, hatten manche die Fäuste geballt. Einige waren sogar aufgesprungen und hatten gerufen: »Er will uns verhöhnen!« »Nicht so, Lausbart!« »Was sagt der Fürst des Waldes dazu, he?«

Jetzt sah er Boten, die eine Zahl an die Haustore schrieben. Männer und Frauen, die diese Zahl mit besorgten Gesichtern lasen. Vierzig, fünfzig Männer, die als Treiberkette durch den Wald stapften, lärmend, mit Knüppeln auf jeden Busch, jedes Gesträuch schlagend. Die Schar der flüchtenden Eichhörnchen, Iltisse, Marder, Dachse, Hermeline, Luchse, Biber. Tausende von trabenden kleinen Füßen und Pfoten, die immer schneller rannten. Sie hechelten. Sie wurden zu Schatten. Etwas streckte ihre Leiber, verwandelte sie in Felle, Pelze, in etwas Totes. Haar, das nur noch lebendig wurde, wenn der Wind hineinfuhr. Jemand türmte die Felle zu Stapeln. Immer zehn Stück wurden zusammengelegt. Jemand wischte die mit Kreide geschriebene Zahl an dem Hoftor wieder ab.

Ein Mann sagte zu seinem Knecht: »Noch eine solche Schätzung, und es gibt keine Pelztiere mehr im Großen Wald. Was werden sie dann aus uns herauspressen, he?«

Nebel. Auf dem Pflaster eines Hofes liegt ein totes Eichhörnchen. Jetzt sind es zehn. Jetzt hundert. Jetzt zehn mal hundert. Ein Wirbelsturm. Felle wirbeln fort durch die Luft. Über den Waldboden schleppen sich die Geister der toten Tiere. Grell weiße Skelette. Ohne Haut. Ohne Fell. Ohne Hecheln.

Es hat viele Freisassen gegeben, die jetzt mit an den langen Tischen sitzen, die sie gesehen haben wollen in den letzten mondhellen Nächten. Der Nebel hebt sich. Mondlicht wird Tageslicht. Im Spiegel sah Madru, wie Lausbart, dem Ledermann folgend, durch den Mittelgang schritt. Bei den Schmähungen zuckten seine Mundwinkel. Keine Zornesfalte auf seiner Stirn. Eher schien es, als ob er böse lächle.

An der Tafel der Vornehmen wandte sich der Fürst des Waldes an Ase: »Hast du's gehört? Wir sind schon abgesetzt. Es sind seine lieben Untertanen. Uns ausplündern. Ein Fest geben, das wir bezahlen dürfen. Sich mein Amt anmaßen. Mein Siegel benutzen. Guh ist in seinem Gefolge. Desgleichen die Fürstin. Was wird uns noch alles blühen, Ase? Was sagen die Bäume? Sprich es aus. Von dir kann ich die Wahrheit ertragen.«

»Wir müssen stillhalten, mein Fürst. Er muß abziehen. Erst das. Hätten wir ihm sonst all die Felle gegeben? Er hat einen langen Weg heim, also kann er nicht ewig bleiben. Wenn er fort ist: am Pass über die Westberge mußt du eine Burg bauen lassen. Mehr Miliz brauchen wir. Und Österstrand braucht die eiserne Kette. Wenn wir's ihm heimzahlen wollen, was er uns angetan hat: einen Hinterhalt dort, wo er vom Höhenweg herab muß – an eben der Stelle, wo die Söhne des Zaubertrommlers Kettenhemden und eine Rüstung erbeuteten.«

»Dieser Ritter damals?«

»Eben den meine ich.«

»Wir hätten die Mörder bestrafen müssen.«

»Wir hätten uns mit den Mördern verbünden müssen.«

»Zu spät jetzt«, sagte der Fürst, »wer hatte auch ahnen können, daß Lausbart über die Westberge ziehen würde? Diesen beschwerlichen Weg!«

»Es gab bei uns etwas für ihn zu holen. Wenn er das nicht ohnehin schon wußte, wird es ihm Guh verraten haben.«

Bator verzog das Gesicht, nahm einen kräftigen Schluck aus dem goldenen Kelch, der vor ihm stand und wischte sich dann mit dem Handrücken über die Lippen »Wie wird das enden?« Er deutete auf die beiden großen Bäume. »Sie wissen es. Sollen sie es doch herausschreien. Ich will auch wissen, woran ich bin.

»Ich habe noch Hoffnung, Herr.«

»Wirklich? Wenn es nun käme, Ase – das was keiner auszusprechen wagt. Ich wünschte nur, daß es schnell ginge. Schmerzen kann ich nicht gut ertragen.«

Draußen vor der Halle wurde Lausbart von einer Gruppe von Rittern erwartet, aus der zu Madrus größtem Erstaunen sich eine ihm bekannte Gestalt löste und auf den König zutrat. Es war Guh, der Ex-Erzdruide in der Kutte des Mönchsordens und mit einem Kranz aus Mistelzweigen im Haar. Festtagskleidung.

König Lausbart streckte die Arme emphatisch aus: »Wirklich und wahrhaft viertausend Felle?«

»Ja, Herr. Vorzügliche Qualität. Ein jedes makellos. Werden Höchstpreise erzielen.«

»Die Kriegsflotte«, sagte Lausbart ganz ruhig und warf seinen Adjudanten einen Blick zu, der dazu gedacht war, sie wegen ihrer Kleingläubigkeit zu demütigen. »Erst will ich hier fertig sein. Nächstes Frühjahr dann übers Kleine Meer. Wie gefällt Ihnen das, meine Herren?«

»Tod allen Feinden Sveas! Es lebe unser mächtiger König!« riefen die Herren wie aus einem Mund. Es klang wie eine Litanei. Gewöhnlich ging es wohl noch weiter, denn Lausbart winkte ab und sagte: »Geschenkt.« Er wandte sich wieder an Guh. Ob die Felle auch weit genug von der Großen Halle gestapelt worden seien, wollte er wissen. »Wegen des Funkenfluges!«

»Wie Ihr befohlen habt, schon auf die Wagen verpackt, Herr«, sagte Guh beflissen, »aber wenn ich an die Wölfe erinnern dürfte.«

Ob er allen Ernstes meine, daß sie angreifen würden? So etwas geschähe seines Wissens doch nur in einem sehr kalten Winter. Jetzt aber …

»Wenn Ihr gütigst bedenken wollt, Herr«, sagte Guh näselnd, dieser Ritter Jessach … er soll auch immer gesagt haben ›so etwas gibt es doch nicht‹. Wir wissen, wie er endete.«

»Schon recht«, Lausbart war unwirsch, »meine Herren, mein Befehl lautet: Drei Reihen unserer Männer um die Halle. In das erste Glied die Bogenschützen mit Brandpfeilen. Dahinter: die Ledermänner mit Wurfmesser und Schwert. Als dritte Kette, gegen den Waldrand hin ausgerichtet: unsere vortrefflichen Armbrustschützen. Die Lanzenträger bilden um sie einen Igel. Wenn wir sie an acht Stellen rings um die Halle konzentrieren, möchte ich das Wolfsrudel sehen, das da durchkommt.«

Einer der Ritter ging, um Lausbarts Befehle weiterzugeben. Den Kopf wiegend und still vergnügt eine Melodie vor sich hinsummend, lief der König auf und ab. »Der Tod wird mit ihnen tanzen«, sagte er, als er aus dem Takt gekommen war.

Guh räusperte sich. Er mußte sich abermals räuspern, ehe er damit Lausbart aus seinen Phantasien hochschreckte.

»Ja, verdammt, was gibt's denn?«

Rasiermesserstimme. Ein verschreckter Guh. Devot. Worte, die auf Samtpfötchen daherkommen. Es gehe um die beiden großen Bäume in der Halle. Man müsse Vorkehrungen treffen, daß sie nicht mitverbrennen. Sonst werde man auf ewige Zeiten den Zorn des Großen Waldes erregen, und er wisse nicht, wie er den Wald in diesem Fall besänftigen könne.

Den Wald besänftigen, rief Lausbart, daß er nicht lache! Was habe er sich um den Großen Wald zu scheren. Er wolle Pelze, die brächten gutes Geld. Diese viertausend seien erst der Anfang. Wo sich viertausend so rasch herbeischaffen lassen, sei auch noch mehr herauszuholen. In Zukunft werde man Fang und Abschuß noch besser organisieren. Schon vor einigen Tagen habe er angeordnet, eine Schneise in den Bannwald zu schlagen. Dort wolle er eine Straße bauen lassen. Eine ordentliche, gerade Straße, die direkt nach Süden führe.

Das mit der Straße durch den Bannwald sei doch wohl nicht sein Ernst, sagte Guh. Vor Schreck vergaß er sogar zu näseln. Wie immer, wenn er sich aufregte, wurde er nun ganz gelb im Gesicht. »Mein voller Ernst!« Lausbart lachte. »Was habt Ihr, Mann?«

»Herr, macht diesen Befehl rückgängig. Wenn er ausgeführt würde, wäre das unser aller Verderben.«

»Nun wollen wir uns erst einmal anschauen, wie die anderen verderben«, sagte der König. »Kommt Ihr mit, Guh, oder müßt Ihr gehen, um Eurem zürnenden Großen Wald ein Opfer zu bringen?«

»Herr, ich bitte Euch noch einmal: Verschont die beiden großen Bäume.« Guh lief neben dem König her und rang die Hände.

»Ihr werdet lästig. Merkt Ihr das nicht? Geht mir aus den Augen.«

»Herr, ich bitte Euch.«

»Brauchen wir ihn eigentlich noch?« Die Frage Lausbarts ging an die Gruppe seiner Begleiter. Der Mann, den er dabei angesehen hatte, zuckte die Achseln und sah starr geradeaus.

»Habt Ihr eigentlich meine Befehle hinsichtlich der Fürstin endlich ausgeführt?« fragte Lausbart zu Guh hin.

»Noch nicht, Herr. Es ergab sich noch keine Gelegenheit dazu.«

»Ihr rühmtet Euch doch, Ihr wäret ein Experte in unnachweisbaren Giften?«

»Es hat sich noch keine Gelegenheit gefunden. Immerhin ist sie die Fürstin.«

»Sie war Eure Geliebte, höre ich. Ihr schützt sie. Ihr mißachtet meine Befehle, Guh.«

»Ihr habt gesagt, es müsse ohne Aufsehen vonstatten gehen.«

»Auf Euch ist kein Verlaß, Guh.«

»Euer ergebenster Diener, Herr. Es wird noch heute geschehen. Seid versichert!«

Der König blieb stehen. Er kniff die Augen zusammen, beobachtete Guh und spielte dabei mit seinen spärlichen Barthaaren. »Tötet ihn«, sagte er dann, »auf der Stelle. Schließlich gehört er auch mit zu diesem Pack. Es ist beschlossene Sache die Waldmenschen auszurotten. Fangen wir gleich bei ihm an.«

Die Ritter blickten unschlüssig. Guh stand da, erstarrt in einer lächerlichen Pose. Der Kopf berührte fast den Boden. Der Hintern schaute in die Wolken.

»Sucht Ihr Frösche dort unten?« sagte der König, und zu den Rittern gewandt: »Worauf wartet ihr noch?«

»Ein waffenloser, ein wehrloser Mann«, wagte einer einzuwenden.

»Ungeziefer«, sagte Lausbart fast sanft. Er zog mit einer raschen Bewegung sein Schwert. Ein Zischen sprang durch die Luft. Die Klinge trennte Guhs Kopf vom Rumpf. Der Hals spie Blut wie ein Springbrunnen. Der Rumpf ohne Kopf machte noch einen Schritt und stürzte dann ins Gras.

Lausbart wischte die Klinge ab, stieß sie in die Scheide und sagte:

»Gehen wir.« Zusammen mit zwei Rittern bestieg er einen Anstand, der in einiger Entfernung von der Großen Halle errichtet worden war. Ein Hornsignal ertönte.

In diesem Augenblick sah Madru, nicht im Spiegel, der andere Bilder zeigte, sondern in seinem Gedächtnis noch einmal Alissa vor sich. Er sah sie, wie er sie in dem Augenblick gesehen hatte, als sie sich ineinander verliebten. Madru spürte ihre Liebe zu ihm und zugleich wurde er sich der Unmöglichkeit bewußt, sie zu retten. Er wollte schreien, auf den Spiegel einschlagen, die Bilder dort zertrümmern, aber er konnte seine Arme nicht bewegen, seine Schreie wurden nicht laut.

Im Spiegel sah man jetzt, wie die Soldaten aufmarschierten und die Halle in einem weitgezogenen Ring einschlossen. Bogenschützen in Kettenhemden, Ritter in ihren blitzenden Rüstungen, Ledermänner, das blanke Schwert in der Hand. Lanzenträger, die, einen Kreis bildend, die Armbrustschützen hinter ihnen sicherten – einen Kreis, der an einen Igel erinnerte, dem sich die Stacheln sträubten. Etwas abseits wartete auch noch ein Reitertrupp auf niedrigen, struppigen Pferden. Ein Holzstoß loderte auf. Madru ahnte, daß sie die Leichen dort verbrennen würden.

Ein zweites Hornsignal ertönte. Die Bogenschützen begannen, mit Brandpfeilen zu schießen. Bald sah man oben aus dem Dach die ersten Flammen zucken. Klein noch. Blaß im Sonnenlicht. Dann schoß eine Feuerwand hoch. Zwei Fahnen wehten riesig. Die beiden hohen Bäume.

An die hölzernen Außenwände wurden Reisigbündel getragen und angezündet. Die ersten Menschen kamen aus der Halle gestürzt. Die Bogenschützen zielten sorgfältig. Die Flüchtenden stürzten. Wo sich noch ein Arm oder ein Bein regte, gingen die Ritter hin und stießen mit den Schwertern zu. Lausbarts Leute hatten leichtes Spiel. Keiner der Freisassen, Siedler und Jarle, die drinnen auf den Beginn des Tanzes gewartet hatten, war bewaffnet.

Die wenigen Leute von der Miliz, die sich in der Fürstensiedlung aufhielten, bewachten die Planwagen mit den Fellen. Zehn Ritter nahmen sich ihrer an. Sie leisteten Widerstand … nicht lange. Als es den in der Halle Eingeschlossenen endlich gelungen war, das Osttor zu öffnen, entstand eine Panik. Wer dort hinaus wollte, lief gegen stachliges Eisen an. Hellebarden zuckten vor, schlitzten Bäuche auf, durchbohrten Brüste, spalteten Schädel. Verwundete und Tote fielen übereinander. Einige machten kehrt. Sie sahen wie gerade das Feuer durch eine Wand in die Halle sprang. Der Tisch der Vornehmen war umgestürzt. Die Speisen am Boden. Lachen von Wein. Wichtig war nicht mehr der Pokal, sondern das Schwert. Ase und der Fürst hatten Waffen und Ase fragte: »Wollt Ihr, Fürst, daß ich Euch mit meinem Schwert eine Gasse durch unsere eigenen Leute haue? Ich tu's, aber nicht gern. Der Große Wald sei uns gnädig.«

»Jetzt hilft nur noch mit dem Schwert zu beten«, sagte Ase »Wir sollten versuchen in die Westwand eine Bresche zu schlagen«, überlegte der Fürst.

»Darauf warten sie doch. Draußen wurden wir in ihren Pfeilhagel laufen. Nein, wenn wir ausbrechen, dann an einer Stelle, an der sie es nicht erwartet haben. Das ist unsere einzige Chance. Die Frauen nehmen wir in die Mitte.

»Seht doch«, rief der Fürst verzweifelt »der Stamm der Großen Pappel hat Feuer gefangen. Bris Baum brennt. Das ist das Ende. Jetzt ist alles vergebens. Jetzt geht die Welt unter.«

»Die Welt wird untergehen, und der Wald bleibt bestehen« murmelte Ase. »Jetzt wissen wir, welches der richtige Spruch war. Neben den beiden Männern stand Mola. Sie murmelte leise Zaubersprüche, befeuchtete ihren Zeigefinger mit Speichel, zog auf dem Boden einen Kreis um sich, in den sie auch Alissa hineinzerrte. »Schwacher Zauber« sagte sie »aber man tut, was man kann. Schau nicht in die Flammen. Das Kind in deinem Leib bekommt sonst ein Feuermal. Hast du die Wolfspfote, die dir Madru dagelassen hat? Gib sie mir. Ich will versuchen, unsere Freunde zu rufen. Sie sind unsere einzige Hoffnung.«

Im Spiegel tauchten jetzt zwei Wölfe auf, die durch den Wald liefen. »Ist etwas?« fragte der eine.

»Es juckt mich in meinen Pfoten. Gleich werde ich etwas hören. Ja, jetzt … Mola und Alissa sind in der Großen Halle unter denen, die Lausbart verbrennen läßt.«

»Wir haben sie doch oft genug vor Lausbart gewarnt. Der große Schlächter kommt, haben wir ihr gesagt. Nun ist er da und schlachtet.«

»Erst die Eichhörnchen, die Füchse, die Zobel und Iltisse … später wir.«

»Was gehen uns die Eichhörnchen an?«

»Eine Menge. Es war kurzsichtig, nichts zu unternehmen, als man sie zu Hunderten niedermachte.«

»Die Zobel sind hochmütige und futterneidische Burschen. »

»Der Schlächter ist unser aller Feind. Wenn es gegen ihn geht, müßten unsere Streitigkeiten untereinander vergessen sein oder niemand von uns wird überleben. Was soll nun aus Alissa und Mola werden?«

»Eigentlich wäre es doch Madrus Sache, Alissa zu schützen. Wo steckt er denn?«

»Am Ängratörn … zu weit.«

»Also bleibt es wieder einmal an uns hängen. Worauf warten wir noch?«

»Unsere Chance ist nicht sehr groß … «

»Dennoch wollen wir es versuchen. Diesem Lausbart würde ich gern an die Gurgel fahren.«

»Vielleicht bittest du ihn um eine Privataudienz.«

Mehr und mehr Tiere schlossen sich den beiden an. Bald war das Rudel vollzählig. Sie kamen jetzt aus dem Wald hervor. Die Große Halle brannte lichterloh. Einige der Tiere zögerten.

»Cara, die Kleine, zu mir!« befahl Yarduk, der Anführer des Rudels. »Noch leben wir. Wer wird seine Freunde im Stich lassen? Auf zur Großen Halle. Von der Westwand höre ich Molas Stimme.« Sie begannen wieder zu traben. Yarduk erkannte jetzt die Kreise der Lanzenträger, dahinter standen schußbreit die Armbrustschützen.

»Nicht angreifen«, belferte Yarduk, »zwischen ihnen hindurch. Und du, Cara, kehrst um … erzähl den anderen Rudeln, was hier geschehen ist. Keine Widerrede.«

»Warum immer ich?« murrte Cara.

»Weil es immer noch die Wölfinnen sind, die die Jungen werfen«, erklärte Yarduk, »los jetzt. Du zurück. Wir vor. Und wenn wir fallen, sollen die andern uns rächen.«

»Immer Rache, Rache«, sagte Cara, »und mich machst du zur Botin der Rache.«

»Du mußt nicht gehorchen«, sagte Yarduk, »aber streiten können wir jetzt nicht lange. Geh.«

Für einen Augenblick sah es so aus, als ob das Rudel es schaffen werde, zur Halle durchzukommen. Die Körper der Tiere streckten sich von Sprung zu Sprung immer mehr. Dann aber kamen die ersten jaulenden Laute derer, die ein Bolzen getroffen hatte.

Yarduk stoppte plötzlich, um sich einen Überblick zu verschaffen. Sie liefen in der Mitte zwischen zwei Kreisen mit Bogenschützen. Die Einschläge lagen noch ein ganzes Stück entfernt. Kein stehendes Ziel bieten. Mit das Erste, was einem beigebracht wurde. Dennoch ließ er sich Zeit um den Kopf noch einmal zu wenden. War Cara drüben am Waldrand? Er machte sie aus, sie verschwand zwischen den Stämmen. Keine Gefahr mehr.

Ein Schlag traf ihn von hinten. Das war's. Der Stich fuhr in seine Lungen. Er überschlug sich. Er spürte, wie etwas Weiches in ihm hochquoll. Ein Fluß, der steigt und steigt und du sitzt da und kannst nicht vom Fleck, bis seine Wogen über dir zusammenschlagen.

In der Halle war es heiß. Immer wieder schwirrten durch die großen Löcher, die das Reisigfeuer in die Seitenwände gebissen hatte, Pfeile herein. Scharen von Vögeln, die aus einer Hecke stoben. Man hörte Schreie, Gebete, Flüche.

Mola stand murmelnd und wie verrückt an der Wolfspfote reibend in ihrem Kreis. Plötzlich zuckte sie zusammen, ließ die Pfote fallen, schrie auf und umarmte Alissa.

»Yarduk, mein Geliebter«, klagte sie, »er ist tot. Sie sind alle tot … bis auf … ja, Cara ist es. Mein schöner Freund. Wie habe ich dich geliebt!«

»Ja, er war schön, wild und tapfer«, sagte Alissa und strich Mola über die Wange. Mola schüttelte sie ab, richtete sich auf. Die Brände waren nahe.

»Alle sollen es wissen«, schrie sie, »Yarduk … ich habe Yarduk geliebt. Habt ihr es auch alle gehört? Ich, eine Sterbliche, einen Wolf. Yarduk, mein Schöner, mein Tapferer, mein Zärtlicher. Er ist tot. Nun kommt, Flammen, Pfeile, damit meine Seele ihm bald nachfliegen kann. «

»Närrisch, den Tod auch noch herbeizurufen«, brüllte Ase dazwischen, faßte Alissa am Arm und wollte versuchen, sie mit sich fortzuziehen. Er fuchtelte mit dem Schwert und deutete in die Richtung, in die er sich durchschlagen wollte. Hinter den Rauchschwaden, die in die Halle gedrückt wurden, hatte er hier ein Stück blauen Himmel erspäht. Auch Pfeile waren dort seltener geflogen als anderswo. »Bleib hier, Kind«, sagte Mola wieder ruhig und zog Alissa an sich. »Das verspreche ich dir, hier im Kreis werden wir leicht sterben. Mehr kann niemand für dich tun.«

In diesem Moment schwoll der Feuersturm, der im Gebälk raste, zu einem sirrenden Laut an, aus dem dann ein scharfer Knall sprang. Unter Dröhnen und Tosen und Funkenflug brachen die Reste des Daches herab und begruben die Menschen unter sich. Das Schicksal meinte es noch gnädig mit jenen, die drinnen umkamen. Wer ins Freie gelangte, fiel unter den gezielten Schüssen der Bogen- und Armbrustschützen oder wurde von den Ledermännern niedergestochen. Einige kamen weiter – brannten an Haar und Kleidern. Lebendige Fackeln. Sie warfen sich ins Gras, versuchten die Flammen zu ersticken. Aber nun preschten die Reiter heran, warfen ihre Lassos nach ihnen. Glücklich, wen schon die Schlinge, die man ihm über den Kopf warf, erdrosselte. Ob tot oder lebendig, man schleifte die so Eingefangenen zu dem Scheiterhaufen, wo sie die Ledermänner aus der Schlinge nahmen, an Armen und Beinen packten und die zappelnden und zuckenden Bündel in die Flammen warfen.

Erst danach gefiel es König Lausbart, von seinem Austand herabzusteigen. Seine Unterführer kamen ihm mit rauch- und blutverschmierten Gesichtern, die Waffen noch in der Hand, entgegen. »Jessach wäre damit gerächt, meine Herren«, sagte er.

Die Ritter schauten an ihm vorbei. Jeder sah Blut, verstümmelte Leiber, hörte Todesschreie, Stöhnen, erbärmliches Wimmern.

»Schwere Arbeit heute, was?« sagte der König. »Verluste?« Zwei Ledermänner, hieß es. Den einen habe ein Norrländerweib mit bloßen Händen erwürgt. Dem anderen sei vom Dach herabfließendes Pech ins Gesicht geflossen.

»Der Chronist soll schreiben kein einziger Mann«, befahl der König, »so klingt es eindrucksvoller. Kein einziger Mann.«

Es wurde zum Sammeln geblasen. Eine Stunde nach dem Massaker war die sveaische Armee auf dem Marsch zum Lager der Hundertschaft, die eine Schneise in den Bannwald zu schlagen begonnen hatte.

Zelte auf einer Hügelkuppe bei Nacht. Wäre es etwas heller gewesen, hätte jemand genau hingesehen, er hätte bemerken müssen, daß in dem großen Gebüsch, einer Weißdornhecke in voller Blüte, drei Wesen standen.

Viele Zelte. Aber nur vor dem einen stand ein Doppelposten. Ein fremdländisch aussehender alter Mann, vornübergebeugt, sich auf einen Stock stützend, kam heran. Die Wachen kreuzten die Speere und versperrten ihm den Weg.

»Parole?«

»Tod den Waldmenschen«, sagte der Mann, jedes Wort sorgfältig betonend. Er machte eine wegwerfende Handbewegung gegen die gekreuzten Speere hin, als seien sie etwas Lächerliches.

»Ich bin der Arzt«, sagte er leise. »Er hat nach mir geschickt.« Die Schranke hob sich. Der Alte schlüpfte ins Zelt. Drinnen schlief König Lausbart. Der Alte beugte sich über ihn und schnitt dem Schlafenden einige seiner Barthaare ab. Er ging zu der Kerze auf dem Tisch und verbrannte die Haare. Darauf trat er abermals an das Lager und flüsterte dem Schläfer etwas ins Ohr. Der Alte richtete sich wieder auf, beobachtete den schlafenden König eine Weile. Der begann, sich unruhig hin und her zu wälzen. Der Alte nickte befriedigt und verließ das Zelt.

»Es geht ihm besser«, murmelte er vor sich hin. Es war ihm gleichgültig, ob die Wachen verstanden hatten, was er gesagt hatte oder nicht. Den Wachen entging aber nicht, daß der Alte, während er die Zeltgasse entlanglief, kleiner und kleiner wurde. Als ihm selbst bewußt wurde, was mit ihm geschah, bog er einfach nach links ab.

»Hätte wetten wollen, da vorn laufe ein Zwerg«, sagte der eine Wachhabende zum anderen.

»Mann ... Zwerge!«

»Es soll hier welche geben.«

»Ja? Sonst hast du keine Sorgen?«

Keuchend erreichte Allwiss die Weißdornhecke und tauchte in ihr unter. Zwei Baumnymphen warteten dort auf ihn. Die eine hielt eine Sanduhr in der Hand. »Abgelaufen«, sagte sie tadelnd, »und danach habe ich noch bis zwanzig gezählt.«

»Alles in Ordnung«, sagte der Zwerg, »er wird erscheinen, wie sie es wünscht. Man ist eben nicht mehr der Jüngste«, fügte er noch entschuldigend hinzu.

Wer steht dort? Wer ist denn das? Warum was soll das denn?

Nein, dieser Bart steht mir nicht. Plötzlich war Madru sein Ebenbild im Spiegel erschienen. Aus und vorbei. Ende der Vorstellung. Wie die das nur machen? Vielleicht stimmt alles gar nicht. Illusion. Böse Geister, die mir Angst und Schrecken einjagen wollen. Alissa ist ... Alissa ist tot. Er sprach den Satz laut vor sich hin. Er begriff nicht, daß er laut wurde. Ein Gedanke kam ihm, an den klammerte er sich in seiner Verzweiflung. Wenn es stimmt, daß sie tot ist, gehe ich sie suchen. Ich gehe bis ins Totenreich. Ich schwöre es. Ich schwöre es bei der Möndin. Ich hier ... schlafe mit diesen zwei Ischen.. und Alissa tot. Ich schwöre, schwöre. Sei still. Davon wird sie auch nicht wieder lebendig.

Wer hat das gesagt?

Madru hörte die Katze laut miauen und die Stimmen der beiden Nebelfrauen. Es sei schon viel später als sie gemeint hätten. Man müsse aufbrechen, aber hoppla hopp. Ein bißchen Beeilung. »Wo steckt der Mann?«

Madru sprang die Treppe hinauf. Jenuv Grünzahn kam ihm im Flur entgegen. Sie hatte wieder das Aussehen einer älteren, etwas verwahrlosten Person.

»Zu Mitternacht müssen wir dort sein. Nun beeil dich doch. Es ist halb zwölf«, rief sie aufgeregt über die Schulter ihrer Schwester zu. Die dreifarbige Katze saß am Treppengeländer und fauchte, als ob sie da auch noch ein Wörtchen mitzureden hätte.

Jenny musterte sie und sagte dann: »Beim Arsch eines Matrosen. Das ist nicht unsere Katze. Ich wette, es ist Bru. Sie ist gekommen, um uns anzutreiben.«

»Was für'ne Kuh?« keifte Peg. Sie erschien auf der Schwelle des Schlafzimmers ohne Fenster und war gerade damit beschäftigt, sich die Haare zu richten. »Guten Abend, gute Nacht«, sagte sie, »ich fühle mich großartig. Was für ein Tag! Aber es ist ungezogen, daß man uns jetzt so hetzt. Nichts ist schöner als beim Aufstehen zu trödeln.«

»Wir sind spät dran. Da hat sie schon recht«, sagte Jenny und streichelte die Katze, »aber haben wir nicht noch etwas von dem feinen Mittelchen für danach?«

Sie griff sich an den Kopf und überlegte, wo sie dieses suchen müsse.

»Na klar«, sagte Peg und drängte sich an ihrer Schwester vorbei, »nur eben … wir werfen in letzter Zeit ziemlich häufig was ein. Schadet auf die Dauer der Gesundheit, oder was meinst du?«

Madru hatte da keine Meinung.

Peg öffnete in der Küche eine Schublade, griff in das Fach über den Gewürznelken und kam mit drei rotweißen Fingerhutblüten zurück.

»Nimm dir eine«, sagte sie zu Madru, »und setze sie dir auf den Deez.

»Und was geschieht dann?«

»Du wirst es überleben«, sagte sie schnodderig.

Da sich auch die beiden Frauen Blüten auf den Kopf legten, schien es ihm kein allzu großes Risiko, es ihnen nachzutun. Kaum hatte er die Hand wieder weggenommen wurde die Blüte größer und größer, bis sie seinen ganzen Kopf bedeckte wie ein kurioser Helm in Glockenblumenform. Gleichzeitig lief ein merkwürdiges Kribbeln durch seinen Körper. Es wurde ihm glühend heiß und dann wieder ganz kalt. Etwas schien in seinen Adern zu vibrieren. Er wollte gerade ausrufen »Ich muß schon sagen, Jenny Grünzahn steht dieses Hütchen nicht übel!« da fühlte er sich in Bewegung gesetzt. Er ritt auf keinem Schaukelpferd. Kein Besen trug ihn. Es war, als sei er in einen Kreisel verwandelt, der sich immer schneller drehe und dabei zu summen anfange. Für einen Augenblick wußte er nicht, wo oben und unten war. Dann stand er auf einer Wiese. In der Nähe sah man einen Steinkreis. Es roch würzig nach Heu. Viele Leute waren da. Sie standen in Gruppen zusammen, schienen auf etwas zu warten.

»Was hast du gerade sagen wollen, als wir abgeschwirrt sind, Schätzchen?« hörte er Peg fragen.

»Daß diese Kopfbedeckung Jenny besonders gut steht.«

»Du magst sie lieber als mich. Da kann man nichts machen«, klagte Peg und sah beleidigt drein.

»Wette gewonnen!« rief Jenny und gab Madru zwei schmatzende Küsse. »Bist'n lieber Kerl. Aber jetzt reden wir von etwas anderem. Da kommt die Königin … Majestät . . .!« Sie versank in einen tiefen Knicks.

»Aber ich bitte dich«, sagte Bru, »steh doch auf. Wie oft soll ich dir noch sagen, daß ich Hofknickse nicht leiden kann?«

FÜNFZEHNTES KAPITEL

Brus Feengericht über König Lausbart
Madru wird als Ritter des Großen Waldes verpflichtet

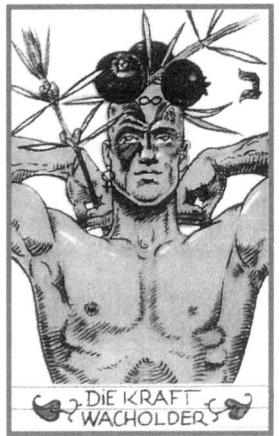

DIE KRAFT
WACHOLDER

Stolz und selbstbewußt kam sie daher. Ein großes Schiff unter Segel, in voller Fahrt, wie er es am Meer gesehen hatte. Es war aber auch etwas an ihr, das in eine blühende Sommerwiese, an über Berg und Tal sich hinziehende Weizenfelder erinnerte, an einen Buchenwald mit geraden Stämmen im frischen Grün, durch den die Sonne flutet, an Blumen und Pflanzen mit gesundem Wuchs und üppigen Blüten wie sie an Bachrändern gedeihen.

So wie Bru da auf sie zu kam, war sie freilich für einen besonderen Anlaß herausgeputzt. Sie trug gewissermaßen ihre Amtskleidung. Auf ihrem Kopf saß eine Krone aus den verschiedenen Getreidesorten. Zwischen den Ähren waren Heckenrosen und Kornblumen eingebunden. Ihre Stirn verdeckte eine hochgeschobene Halbmaske, der Schädel eines Luchses. Um den Hals lag ein Kranz aus Ginster und Distelblüten. Ihr Kleid war aus den Blättern all jener Bäume und Sträucher zusammengesetzt, die auch im Bilderspiel vorkommen. Der Gürtel bestand aus kleinen weißen und blauen Häherfedern und hatte eine Schließe in Form einer Libelle … jener Libelle, die Madru als Knauf an Allwiss' Stock gesehen hatte. Brus Beine steckten in Stiefeln aus mausgrauem Leder, dazu trug sie Strümpfe, die vorn lachsrot und hinten moosgrün leuchteten.

Madru küßte ihre Hand. Ein Geruch von Maiglöckchen und wilden Tieren fuhr ihm in die Nase.

»Willkommen zum Mitternachtsgericht!« sagte sie und fügte augenzwinkernd hinzu: »Du bist aufgehalten worden, höre ich.« Sie sprach Brusinisch, und zwar die Sommersprache. Ehe er noch etwas antworten konnte, ergänzte sie: »Die beiden treiben es manchmal ein bißchen toll, sind aber nicht von der üblen Sorte. Oder gab es Grund zu Klagen?«

»O nein, ganz und gar nicht … im Gegenteil«, antwortete Madru in der Sommersprache.

»Die Sitten sind bei uns etwas freier«, sagte Bru, »wir haben uns eben nie recht zivilisiert.« Sie gab diesem Wort einen ironischen Klang. Manchmal, wenn die Leidenschaften gar zu hohe Wellen schlügen, müsse sie auch schon mal einschreiten. »Aber im großen und ganzen kommen wir eigentlich ohne Moral recht gut aus. Vielen Dank, liebe Schwestern. Ich muß euch jetzt euren Spielgefährten entführen.«

»Ein Schicksalsschlag, an den wir gewöhnt sind«, sagte Peg, »und doch tut es immer noch ein bißchen weh. Wann werdet Ihr uns endlich einmal einen Kerl schicken, der für Jahr und Nacht bei uns einzieht?«

»Ich meine es gut mit euch«, sagte Bru, »so wie es jetzt eingerichtet ist, bleiben euch die schmutzigen Socken und die schlechte Laune der Herren erspart. Und was wäre besser als Abschiednehmen, wenn es am schönsten ist? Also, adieu, meine Lieben. Madru, in meiner Gegenwart darf man sich küssen.«

Dieser Aufforderung kam er umgehend mit Herzlichkeit nach. Dann faßte ihn Bru beim Arm, zog ihn mit sich fort und sagte:

»Bringen wir die Förmlichkeiten so rasch wie nur möglich hinter uns. Willst du mein Ritter werden und für den Großen Wald, meine Ehre und die deiner Dame kämpfen?«

»Alissa ist tot, oder bin ich genarrt worden mit dem, was ich in diesem Spiegel sah?«

»Sie sind alle tot. Ich bin traurig und ich bin zornig. Der Frevel, den Lausbart begangen hat, ist ungeheuerlich. Er hat seine Falle schlau gestellt. Alle Jarls, alle Gouverneure, alle Freisassen waren zum Fest in die Große Halle gekommen. Er hat ein ganzes Volk ausgerottet. Wir werden ihn vor Gericht stellen.«

»Vor Gericht«, sagte Madru verwundert, »dazu müßtet ihr ihn erst einmal fangen.«

»Nein«, sagte Bru, »der Angeklagte ist hier. Wir erwarten von ihm jetzt ein ehrliches Schuldbekenntnis. Es darf nicht noch mehr Blut fließen.«

»Und wenn er sich weigert?«

»Dann muß beraten werden. Ich habe neun Baumnymphen als Geschworene eingesetzt. In diesem Fall würden wir wohl deine Dienste in Anspruch nehmen müssen.«

»Und die bestünden worin?«

»Darüber möchte ich jetzt noch nichts sagen. Außerdem müssen wir uns beeilen. Es ist höchste Zeit.«

Sie hatte schon zuvor kurz zum Himmel aufgeschaut, als lasse sich dort für sie die Zeit an den Sternbildern und dem Stand des schmalen Mondes ablesen.

Nun führte sie Madru von dem Steinkreis fort, einen Hang hinauf, über eine Halde ohne Vegetation. Oben bot sich ein Bild, das Madru vor Staunen starr stehen bleiben ließ.

Obwohl sie aufwärts gestiegen waren, befanden sie sich auf dem Grund eines großen Amphitheaters, dessen Ränge dicht an dicht mit all jenen Baumwesen besetzt waren, die Madru und die Nebelfrauen bei ihrem Ritt mit den Zauberpferden vom Ängratörn her überholt hatten.

Es mußten Tausende sein. Von den Rängen drang ein Gesumm, Geknarr, Geormel, Gebolz, Getrud und Gealb herüber, daß Madru meinte, der Schwall dieser Laute werde ihn zu Boden drücken. Gerade trat ein Herold auf. Er gab ein Zeichen, das offenbar alle mit Bru, der Göttin und Feenkönigin, in Zusammenhang brachten, die bei ihren Untertanen in hohem Ansehen stand. Sofort wurde es mucksmäuschenstill und man schaute gespannt auf die Bühne.

Dort hatten schon die neun weiblichen Geschworenen Platz genommen: eine Erlengräfin und eine Lindenfreifrau, eine Heckenrosenamazone und eine Walnußdirn, eine Kirschblütenjungfer und eine Holunderemanze, eine Ginstermamsell, ein Apfeltrampel und eine Weißdornkokotte.

Bru wies auf einen Eichenschemel, der für Madru bestimmt war. Auf der anderen

Seite der Bühne stand in einem mit Birkenreisern abgesteckten Dreieck der aus kleinen verschlafenen Augen dreinblickende König Lausbart.

Bewacht wurde er von vier Eberjimmies, Geschöpfen, halb Mensch, halb Wildschwein, mit gefährlichen Hauern, die sich neben den Rüsselnasen aufwärts bogen, mit spitzem Kopf, den sie trotzig gesenkt hielten und von athletischem Körperbau, in der Art wie ihn Ringer haben.

»Zu Beltaine und Samain reite ich auf ihnen. Sie sind sehr umgängliche Burschen. Kaum zu glauben, wenn man sie so stehen sieht, und doch ist es so.« Bru nickte Madru aufmunternd zu und trat dann an die Umfriedung heran. Sie redete den Angeklagten in der Sommersprache an, die dieser erwartungsgemäß nicht verstand. Allwiss wurde herbeigerufen. Er blinzelte Madru bei seinem Auftritt kurz zu, und der nahm sich vor, den Wunsch nicht zu vergessen, den er bei dem Zwerg frei hatte. Nun begann das Verhör. Wir geben es hier, zwar übersetzt, im übrigen aber so wieder, wie es von einem der Eberjimmies protokolliert wurde.

Der König, nachdem er gegähnt, sich die Augen gerieben und mehrmals an seinen wenigen Barthaaren gezupft hat: »Wo bin ich?«

Bru: »Ihr steht vor dem Mitternachtsgericht der Anderswelt.«

König: »Träum oder wach ich?«

Bru: »Geht ruhig davon aus, daß Ihr träumt.«

König: »Was will all dieses Gelichter von mir? Warum starren sie mich alle so an, als sei ich ein Kalb mit zwei Köpfen? Laßt mich doch weiterschlafen.

Bru, *sichtlich um Beherrschung bemüht:* »Nennt Euren Namen.«

König: »Lausbart von Svea. Von Beruf König.«

Bru: »König Lausbart, sagt uns, was Euch veranlaßt hat, arglose Sterbliche in die Große Halle zu locken und diese dann in Brand zu stecken. Wir möchten von Euch weiterhin wissen, ob Ihr Euch darüber im klaren seid, daß durch Eure maßlosen Tributforderungen die Pelztiere des Großen Waldes innerhalb kürzester Frist ausgerottet sein werden. Und wollt Ihr Uns schließlich erklären, wie Ihr es wagen konntet, die Axt an die Wurzeln und Stämme des Bannwaldes legen zu lassen?«

König: »Ich schäme mich keiner dieser Taten, da sie dem Wohl meines Volkes dienten.«

Bru: »Beantwortet meine Fragen.«

Zwischenrufe von den Rängen: »Kurzen Prozeß mit ihm … aufknüpfen!« »Ach was für den ist ein Ast zu schade!« »Mörder, Kanaille … verbrennen wie seine Opfer!«

(Die Gerichtsdiener gebieten mit schnorchelndem Ton, aber höflich Ruhe.)

Bru: »Ist es richtig, daß Ihr den Tribut für Norrland von tausend auf viertausend Felle erhöht habt?«

König: »Es gibt genug von diesen Viechern im Großen Wald.«

Bru: »Ist es richtig, daß Ihr aus dem Erlös der viertausend Felle eine Kriegsflotte bauen lassen wollt, um damit über Eure Nachbarn jenseits des Kleinen Meeres herzufallen?«

König: »Geb ich gern zu. Da ist was zu holen. Ich bekenne mich ausdrücklich zu einer Politik der Stärke. Alles andere ist Humbug. Humanitätsduselei. Habe ich mich klar genug ausgedrückt?«

Bru: »Ihr müßt mit angesehen haben, wie Eure Reiter Menschen zu Tode schleiften. Tote und Verwundete wurden von den Ledermännern ins Feuer geworfen. So ist es doch gewesen? Oder wollt Ihr das bestreiten?«

König: »Hätten wir sie liegenlassen sollen, als Fraß für die Raubvögel oder als Futter für die Wölfe?«

Bru: »König, Ihr seid Euch offenbar über den Ernst Eurer Lage nicht recht im klaren. Ihr seid von diesem Gericht angeklagt, mit der Verbrennung der Großen Halle ein ganzes Volk ausgerottet zu haben.«

König *(unterbricht sie)* »Krieg ist Krieg. Wo gehobelt wird, da fallen Späne. Ein Denkzettel war überfällig. Ich weiß ja nicht wie es in Eurer Welt zugeht. In unserer geschieht derlei an allen Ecken und Enden, landauf, landab. Kaum jemand macht noch großes Aufheben davon.«

Bru: »Vielen Dank für diese Belehrung, König Lausbart.«

König: »Wie steht's denn nun? Was wollt Ihr denn noch hören? Ist doch wohl klar: da kommt nur Freispruch in Frage.«

Bru: »Von einem Freispruch kann keine Rede sein.«

König: »Ach so … das läuft hier wie anderswo auch? Was wollt Ihr haben? Nennt Euren Preis. So etwas kann man heute in aller Öffentlichkeit erörtern.«

Bru: »Wir mißverstehen einander offenbar völlig.«

König: »Ich will endlich mein Urteil. Ich will das hinter mich gebracht haben. Ich habe nicht soviel Zeit. Ich brauche meinen ruhigen Schlaf. Und keine Tricks bitte. Ich verweise auf mein blaues Blut. Adel nachweisbar über zehn Generationen hin.«

Bru: »… ist für uns belanglos.«

König: »Was soll das nun schon wieder heißen? Typisch weibliche Logik. Da sitzen ja überhaupt nur Frauen in der Jury. Ich verlange, von meinesgleichen abgeurteilt zu werden. Ich lehne dieses Gericht wegen Befangenheit ab.«

Bru: »Seid Ihr bereit, ein Schuldgeständnis, das wir vorbereitet haben, zu unterschreiben. Oder nicht?«

König: »Wie käme ich dazu? Das wird ja immer schöner …«

Bru: »Genug damit. Er hat seine Chance gehabt. Das wird niemand leugnen. Er ist gierig, verantwortungslos, dreist, mörderisch. Schafft ihn uns aus den Augen. Aber rasch … «

(Ende des Protokolls)

Drei der Eberjimmies gelang es, Lausbart auf den Rücken des vierten zu bugsieren. Dort wurde er festgebunden und gleich darauf trabte er mit dem König dessen irdischer Schlafstätte entgegen.

»Nehmt euch in acht vor den Ledermännern!« rief Bru den Eberjimmies nach.

Die Beratung der Geschworenen verlief kurz und bündig. Darauf trat Bru auf der Bühne vorn an die Rampe und sagte mit lauter, klarer Stimme: »Da König Lausbart für die Irdischen wie für die Wesen der Anderswelt eine lebensgefährliche Bedrohung darstellt, da er in der vorangegangenen Befragung keinerlei Reue gezeigt hat, sondern nach seinen träumend getanen Äußerungen zu befürchten ist, daß er mit seiner Gier und Grausamkeit abermals Unglück über die Irdischen und Jenseitigen bringen wird, rufe ich euch alle auf, uns dabei zu helfen, seinem mörderischen Tun und Handeln ein Ende zu setzen. Es ist unser Wille, sein Heer morgen bei Sonnenaufgang anzugreifen und zu vernichten. Wir wissen wohl, daß dies auch manchen der Unsrigen das Leben kosten wird, und wir beklagen es, solche Opfer von euch fordern zu müssen. Allein die Gefährlichkeit unseres Feindes und seine Gewissenlosigkeit lassen uns keine andere Wahl. Zum Befehlshaber unserer tapferen Truppen bestimmen wir, angesichts der euch allen bekannten Tatsache, daß wir selbst die Welt der Sterblichen nicht betreten können, einen Irdischen unseres Vertrauens. Wir verpflichten euch also alle, unserem Feldherrn gehorsam zu sein, sofern er nichts Unehrenhaftes von euch verlangt. Auch, wenn es alles andere als süß und ehrenvoll ist, auf dem Schlachtfeld zu fallen, bitten wir euch, für uns den Sieg erstreiten zu helfen.«

Die Rede Brus wurde mit stürmischem Beifall und Zurufen aufgenommen, mit denen die Baumwesen ihre Kampfesentschlossenheit bekundeten. Gleich darauf sah sich Madru von Tannenalben, Weißdornwichten, Haselnußbolzen, Holunderhulden, Apfeltruden, Eichenhenkern, Eschenormen, WeidenDilldaps und Heckenrosenamazonen umringt. Alle wollten sie ihm die Hände schütteln oder klopften ihm ermunternd auf die Schultern.

»Morgen geht's gegen Lausbart!«

»Wir erwarten Eure Befehle, General.«

»Zeigen wir's ihnen, was Eschenormen sind!«

»Schon dafür, daß er die Große Pappel und die Große Erle hat niederbrennen lassen, hat er den Tod verdient dieser Barbar. Ich will ihm mit Freuden meinen Speer zwischen die Rippen pflanzen.«

So redeten sie, und einige verlangten gar, daß er ihnen seinen Schlachtplan bekanntgebe.

»Hilfe«, sagte er und griff nach ihrer Hand wie nach dem bewußten Strohhalm, als sich Bru einen Weg zu ihm gebahnt hatte.

»Ein Feldmarschall, ein General … wenn ich etwas nicht werden wollte, dann das. Das war nicht gemeint, als ich versprach, Euer Ritter zu werden.«

»Mein armer Held«, sagte sie und runzelte die Stirn, »wir brauchen aber nun einmal einen General.«

»Warum führt Ihr das Heer nicht selbst an?«

»Weißt du nicht, daß ich drüben weder lieben noch töten darf? Ich darf selbst nicht einmal hinüber. Wenn ich mich bei euch einmische, und in diesem Fall scheint mir das dringend nötig, muß ich mich eines irdischen Wesens bedienen. So hat es meine gute Mutter nun vor langer Zeit einmal bestimmt. Ich bitte dich, Madru, laß mich … laß uns jetzt nicht im Stich.«

»Was ist eigentlich mit Bru?«

»Weißt du das auch nicht?« fragte Bru erstaunt. »Freilich wird er auf unserer Seite sein, aber auch er kann kein Heer anführen.«

»Und weshalb nicht?«

»Bri hat, abgesehen davon, daß er der Große Wald ist, keine Gestalt. Bri ist eine Kraft. Du begegnest ihr im Harz, im Anblick des Großen Waldes, im Rauschmoos, in den Wurzeln, den Zweigen.« Feldherr, General«, sagte Madru immer noch ziemlich verstört, »ich kann mir nicht vorstellen, daß ich dazu tauge.«

»Denk an Alissa ... an das, was sie ihr angetan haben.«

»Ja«, sagte Madru, »ich bin traurig, elend traurig ist mir zumute, aber mich rächen ... damit wird doch alles nur noch schlimmer. Was tut ihr, während die Schlacht geschlagen werden wird?«

»Ich werde hier bleiben. Ich werde euch auf meine Art beistehen. Ich werde dir und allen unseren Wesen, die in die Schlacht ziehen, die Kraft geben, die sie brauchen.«

»Und wenn wir besiegt werden?«

»Das darf nicht sein.«

»Aber es werden viele sterben müssen«, erinnerte Madru.

»Wenn es nach mir geht«, sagte Bru wild, »alle unsere Feinde.«

SECHZEHNTES KAPITEL
Die Schlacht der Bäume und der Bann der Stille

DIE MASSIGUNG
KIEFER

Die Schlacht der Bäume, so läßt sich in der »Chronik der Fürstenzeit« nachlesen, begann mit dem ersten Morgengrauen und war bei Sonnenaufgang beendet. In einem anderen Manuskript aber heißt es, sie habe sich abgespielt im Zeitraum, der bei dem Blinzeln eines Auges, bei einem Lidschlag, verstreicht.

Wer nun fragt, wie denn all die Ereignisse, die im folgenden hier erzählt werden, sich in diesem einen Augenblick zugetragen haben können, der möge bedenken, daß die Zeit im Diesseits und in der Anderswelt nicht gleichmäßig abläuft. Während nämlich in der Welt der Sterblichen seit der Niederbrennung der Großen Halle schon fast ein Monat vergangen war, neigte sich in der Anderswelt erst jene Nacht, die auf das Massaker folgte, ihrem Ende entgegen. So wird nun auch klar, daß die oben zitierten Schriften offenbar von einem Wesen der Anderswelt angefertigt worden sind. Die Vermutungen zuverlässiger wissenschaftlicher Forschungen zielen in letzter Zeit immer häufiger auf einen jener Eberjimmies, denen wir ja auch das Protokoll über das Verhör König Lausbarts durch Bru verdanken.

Es war in jener Nacht irgendwann zu der Zeit, da es zwar noch dunkel ist, man aber schon spürt, daß nun der Tag bald kommen wird. Der letzte Wachwechsel hatte schon vor einer Stunde stattgefunden. Die Ledermänner, die zu den Wachgängen eingeteilt waren, trugen über ihren Uniformen, in denen sie Madru kennengelernt hatte, weite Lederumhänge. Sie hatten ihre Eisenschwerter umgegürtet, auf die sie besonders stolz waren, und in ihren Stiefelschächten steckten Wurfmesser.

Der Mann, der um diese Zeit auf der südwestlichen Seite der Hügelkuppe Wache hielt, dachte daran, daß er wohl vor dem Winter seine Familie kaum wiedersehen werde.

Die Arbeiten an der Schneise, die durch den Bannwald geschlagen wurde, um einen Fahrweg zu schaffen, würden mindestens noch drei, vier Monate in Anspruch nehmen. Andere sprachen gleich von drei Jahren. Der Mann auf Wache war am Abend zuvor an jener Stelle gewesen, an der jetzt die Hundertschaft mit Äxten und Sägen dem Wald zu Leibe rückte. Schwere Arbeit. Jede Woche wurden die Männer, die dort schafften, ausgewechselt. Das Stück, das sie bisher freigelegt hatten, war ihm lächerlich kurz vorgekommen. Es war ihm eingefallen, daß es über den Wipfelweg zwei oder drei Tage dauern sollte, bis man zu Fuß die Grenzmark erreichte. Ehe man die Schneise nicht geschlagen, die Baumstrünke nicht gerodet hatte, ehe das Gelände nicht planiert worden war, konnten keine Wagen fahren. Ehe die Wagen, in welchen die Felle verstaut waren, nicht fahren konnten, würden sie nicht in den Süden marschieren.

Die große Weißdornhecke auf der Südwestseite der Hügelkuppe, auf der König Lausbarts Heerlager lag, verblühte langsam. Es war jene Hecke, durch die Allwiss und die beiden Baumnymphen das Diesseits betreten hatten, als Allwiss auf Brus Befehl des Königs Seele vor das Mitternachtsgericht lud. Genau unter der Hecke aber lag eine weitverzweigte Tropfsteinhöhle, eine jener Zonen, in der sich Menschen- und Anderswelt, ohne daß sie eine Kristallwand voneinander trennt, direkt berührten.

In dieser Höhle, die ihr auch als Sommerresidenz diente, hatte nun Bru jene neun Frauen versammelt, die Geschworenen des Mitternachtsgerichts. Sie hatten auf Stühlen mit hoher Lehne Platz genommen, die aus dem Holz der verschiedenen Baumklane geschnitzt worden waren. Die Frauen saßen sehr gerade und aufrecht da, hatten die Augen geschlossen und atmeten Schwefeldämpfe ein, die aus großer Tiefe durch Spalten heraufdrangen. Es hieß, daß sie so nach geraumer Zeit in einen merkwürdig konzentrierten Zustand zwischen Schlafen und Wachen verfielen, bei dem sie ihre Gedanken zwischen der Menschen- und Anderswelt hin- und herlaufen lassen konnten, um das Schicksal beider Welten in ihrem Sinn zu beeinflussen.

Der Wachtposten war in den letzten Stunden mehrmals an dieser Hecke vorbeigekommen, ohne daß ihm dabei etwas Besonderes aufgefallen wäre. Zunächst hatte die Hecke in Nachtdunst eingehüllt gelegen. Später waren ihre Konturen schärfer hervorgetreten. Als er wieder vorbeikam, hatten die ersten Vögel in der Hecke angefangen, noch zögernd zu zwitschern. Nun ging er abermals an der Hecke vorüber und meinte, seinen Augen nicht zu trauen. Aus der Hecke wuchs, so daß man das Wachstum regelrecht wahrnehmen konnte, ein ganzes Bündel dicker Baumstämme hervor. Sie trugen eine ausladende Krone aus dichtem grünen Blattwerk, und zwischen den Blättern schaute düsterdräuend, vielleicht auch verächtlich, auf jeden Fall aber erschreckend und rätselhaft schon durch sein ungewöhnliches Aussehen, das Gesicht eines Riesen zu ihm herüber.

Die Krone des Baumes schien den Himmel zu berühren. Das Blattwerk umstand das Gesicht des Mannes wie wirres Haar, das über lange Zeit hin, ungestört und ungeschnitten, hat wachsen können. Nun, als der Wachtposten verwirrt, ängstlich, aber auch neugierig, weiter hinsah, erkannte er, daß aus dem Dickicht von Blatthaaren kleinere Äste hervorragten, kahl, unheimlich, wie Klauen. Der Posten bekam seine Schuhsohlen nicht von der Stelle, an der er stand, seit er den Baumriesen zum ersten Mal wahrgenommen hatte. Er versuchte weiterzugehen und hoffte, die Erscheinung würde verschwinden. Das Merkwürdige war, daß sie trotz ihrer Bedrohlichkeit, auch eine gewisse Schönheit besaß. Wenn nur diese Augen nicht gewesen wären. Dieser Blick, der ihm wie Garben eines grünen Feuers vorkam, war schwer zu ertragen und ließ das Blut in seinen Adern erstarren. Kälte lähmte ihn in Armen und Beinen. Er wollte schreien. Der Schrei blieb wie ein Bissen im Halse stecken und drückte ihm die Luft ab.

Er wollte laufen und Meldung machen. Da hörte er knisternd und raschelnd die Äste heranwuchern. Sie packten den Mann bei den Schultern, wirbelten ihn herum, warfen ihn zu Boden. Er lag auf dem Rücken. Die wild sprießenden Zweige krallten sich um seine Oberarme. Er lag auf dem Boden wie festgenagelt. Der Baumriese drüben hatte sich nicht bewegt. Nur, daß sein Blick den Wachtposten wieder voll traf. Ein mürrischverächtlicher Blick, der zu sagen schien: du weißt wofür.

Aus den Zweigen, die ihn zu Boden gepreßt hielten, wurden immer stärkere und sich weiter verzweigende Asthände, die ihrerseits kleines Gezweig austrieben. Die Zweige tasteten sich zu seinem Hals vor. Dürre Finger einer Hand, aus der wiederum Hunderte von kleineren Fingern wuchsen. Die Finger drückten gegen seinen Hals. Sie bohrten sich in die Haut. Dann stach grelles Licht, das die Farbe von jungen Ulmenblättern hatte, in seine Augen und blendete ihn. So starb er.

Das hervorgewachsene Baumgesicht blickte auf das Lager. Madru, der, in einen Baumriesen verwandelt, da träumte, war selbst eher erschrocken über das, was sich kraft seiner Vorstellungen und der Traumströme, die Bru und die Baumnymphe aus der Höhle heraufsandten, nun vollzog.

Aus dem Norden rückten auf seinen Befehl die Kampffreihen der Eichenhenker heran. Sie hatten das düstere graugrünliche Aussehen der knorrigen Äste von Eichen im Bannwald. Ihre Gesichter waren Wurzelballen, ohne Nasen, Ohren, Münder und Augen, nur mit einem Aschenkreuz gezeichnet, das weithin leuchtete. In den Klauen hielten sie Wurfpfeile, die vorher zur Stärkung ihrer Tötungskraft besprochen worden waren. Die Pfeile bohrten sich in die Zeltplanen, unter denen die Soldaten und die Herren Ritter schliefen, und in der Chronik wird berichtet, daß gleich fünfzig, die ein solcher Pfeil auf ihrem Lager traf, im Diesseits nie mehr erwachten.

Genau aus Westen marschierten drei Heerhaufen heran: die Apfeltruden, Hexenwesen mit fiebrig roten Bäckchen und runzliger Haut, die auf kahlen Apfelbäumen daherritten. Sie hielten Lanzen in den Händen, an deren Enden ein Dreizack saß. Ihnen zur Seite marschierten die Eschenorme, die Beile auf der Achsel trugen. Der Schaft war aus Holz, vorn aber saß ein schwerer, grauer Stein aus einem Flußbett, der jeden Schädel, auf den er niedersauste, sofort zerschmetterte. Schließlich die Weißdornwichte – kleine zähe Burschen waren das, alle mit schwarzstachligen Kampfhauben, auf denen Helmbüsche mit weißen Blüten nickten. Sie trugen immer zu sechst lange Spießstangen und hatten Doppeläxte im Gürtel.

Von Süden her brachen aus dem Bannwald die gemischten Regimenter der Holunderhulden und der Haselnußbolzen hervor. Die Haselnußbolzen zogen ihre Schleudern schon durch. Sie verschossen damit Nüsse, die sich in Kieselsteine verwandelten. Kieselsteine so groß wie jene am Strand von Ängratörn, aber nicht rund geschliffen, sondern mit scharfen Kanten. Die Holunderhulden streuten aus ihren Schürzen Hunderte und aber Hunderte jener kleinen schwarzen Kügelchen, die an den Fruchtständen des Holunderstrauches hängen. Sie verwandelten sich in einen Hagel aus Bleikörnern, und wo Sie auftraten, stäubte aus ihnen eine betäubende Essenz.

Ebenfalls aus dem Süden kamen die Tannenalben. Sie überragten an Körpergröße selbst noch die Eichenhenker, waren aber nur mit sehr langen, dünnen und spitzen Stangen bewaffnet, von denen es hieß damit trafen sie jeden Feind mitten ins Herz. Die Heckenrosenamazonen die Birkenkerle und die Weiden Dilldapps hielten sich vorerst noch zurück, aber langsam schloß sich der Kreis um König Lausbarts Lager. Nicht selten sogar größer als die Menschen und, was ihre Körper anging, von härterer Substanz als diese, waren die Baumwesen gefährliche und furchteinjagende Gegner.

Als erste erholten sich die Ledermänner von Schreck und Verwunderung schlugen mit ihren Schwertern um sich und machten viele der Weißdornwichte nieder, die schon weit in das Lager des Feindes eingedrungen waren. Schlecht erging es auch den Apfeltruden auf ihren Baumpferden, die ein Hagel von Wurfmessern traf. Viele stürzten aus ihren Astsätteln herab.

Inzwischen hatten auch die Ritter, die in ihren Zelten aufgeschreckt worden waren und sich schützend um den König scharten, wieder Mut gefaßt. Die Notstandsstrategie der Ritter zielte nach Süden. Dort hatten die Doppelsalven der Haselnußbolzen und Holunderhulden so manchen Lanzenträger aus Svea getötet. Nun aber, da ihre Munition verschossen war, schaute man hilfesuchend zu dem Baumriesen hin, als die Ritter jene Hundertschaft, die auf der Schneise gearbeitet hatte, gegen sie vorschickte. Die glitzernden Schneiden der Holzfäller wüteten fürchterlich unter den Abteilungen im Süden. Viele Bolzen und Hulden wurden regelrecht zerhäckselt. Nicht wenige Axtschwinger brachen zwar nach Lanzenstichen der Tannenalben zusammen, aber die Waage des Kriegsglücks schlug dort deutlich zugunsten Lausbarts aus.

Da schickte das Baumgesicht die Heckenrosenamazonen in den Kampf. Sie trugen nur einen gelblichen Fellschurz, der ihre Scham und ihre Brüste deckte, aber die weiß schimmernden Rücken und prallrot leuchtende Arme freiließ. Neugierig hielten die Axtschwinger für einen Augenblick inne. Lüstern labten sich ihre Blicke an der nackten Haut. Sie spotteten noch, daß der Feind Frauen gegen sie aufbiete, als schon lassoartig Dornenranken, den Fingerkuppen der Schönen entsprießend, sich um Axt und Hand schlangen, und darauf den ganzen Mann zu einem mumienähnlichen Paket verschnürten – Rätsel für die Archäologen späterer Jahrhunderte.

Die Ritter waren hinter den Holzfällern geblieben und hatten gehofft, diese würden ihnen den Weg freikämpfen können, vielleicht sogar bis zum Höhenpfad.

Die Heckenrosenamazonen verdichteten sich zu einem Dornenknäuel, das die Axtträgermumien noch unverdaut in seinem Innern trug, weiter wuchs und wucherte, alles zerkratzte, umwand und abwürgte, was sich ihm in den Weg stellte. Dieses Ungeheuer kam auf die Ritter zu, unter denen auch König Lausbart war. Verschreckt machten sie kehrt und wollten zurück in die Richtung, aus der sie gekommen waren. Doch einer der Ritter stellte sich plötzlich mit dem Mut der Verzweiflung dem Ungeheuer entgegen.

Er beobachtete Kriechspur und Wachstum des Untiers. Und als dieses ihn erreicht hatte, hieb, stach und hackte er mit aller Macht auf die sich voranringelnden Ranken, bis es schien, als werde der Heckendrache schwach, als ermatte seine Kraft ganz und gar. Der Ritter war erstaunt. Er reckte sein Schwert in die Luft, um seinen Kameraden Mut zu machen, sie zur Umkehr zu bewegen. Doch gerade da brach seitwärts eine Horde Birkenkerle durch. Sie trugen keine Waffen. Der Ritter wandte sich siegesgewiß ihnen zu und hieb mit seinem Schwert auf den Nächstbesten von ihnen ein. In seinem Siegesrausch glaubte er, den Birkenkerl mit einem Schlag niederstrecken zu können. Doch dem Schwerverletzten gelang es eben noch, seine gespreizten Astfinger bis zum Helm des Ritters auszustrecken. Man vernahm ein Fauchen und Zischen, sah eine ätzende Brühe über das Metall rinnen, eine Dampfwolke aufsteigen, und als sie sich wieder verzog, stand der Ritter ohne Helm mit einer ins Haupthaar gesengten Tonsur da. Er verdrehte die Augen, stieß einen irren Schrei aus, taumelte noch ein paar Schritte und brach dann tot zusammen.

Nach und nach fielen auch alle anderen Ritter unter den Spreizfingern der Birkenkerle.

Der König war während dieses Gefechts abgedrängt worden. Ihm entgegen kam eine Heckenrosenamazone. Er faßte sie um die Taille, wollte mit ihr tanzen. Plötzlich steckten die zwei winzigen Klingen nicht mehr zwischen ihren Zähnen, wo sie wie Brillanten gefunkelt hatten, sondern saßen zwischen ihren zu Fäusten geballten Fingern. Erbarmungslos zeichnete sie rote Spuren kreuz und quer durch sein Gesicht xte es förmlich aus. Dann beugte sie sich über ihn zum Todeskuß. Lausbart wurde danach wächsern, schien plötzlich uralt, zerfiel zu Asche.

Die Schlacht tobte weiter. Inzwischen hatten die Ritter und Ledermänner, die Lanzentrager Bogen und Armbrustschützen gelernt, sich besser auf die Kampfweise der Baumwesen einzustellen. Überall waren jetzt erbitterte Einzelgefechte im Gange. Und es sah nicht gut aus für die Bäume.

Es war um jene Zeit, daß der Baumriese, der über alles hinsah, Furcht verspürte und es ihm an den Wurzeln so kalt wurde.

Von einer größeren Streitmacht, bestehend aus Rittern und Armbrustschützen, die von Versprengten ständig Zulauf erhielt, waren die Apfeltruden schon fastvöllig aufgerieben worden. Danach war die Wucht des Angriffs zwischen den zusammengebrochenen Baumpferden zum Stehen gekommen. Fichenhenker, Eschenorme und einzelne Weißdornwichte leisteten dort hinhaltenden Widerstand. Aber die Übermacht der Ritter und Armbrustschützen wurde immer erdrückender.

In diesem kritischen Augenblick drangen siegesgewisse Laute über das Schlachtfeld: das Geheul von Wölfen und das Gebell von Füchsen. Nicht Caras Werben hatte sie zu mobilisieren vermocht. Es war Brus Befehl gewesen. Und ihrem Befehl hatten sie gehorcht. Sie brachen aus dem Bannwald hervor, fuhren wütend los auf die irdischen

Krieger. Einige vermochten die Armbrust- und Bogenschützen niederzustrecken, ehe sie heran waren, aber diesmal war es nicht nur ein Rudel Tiere, es waren Hunderte, und wenn sie sechs, sieben erschossen hatten, kamen immer noch vier, fünf Wölfe über einen jeden der Schützen, warfen ihn zu Boden, hielten ihn auf der Erde, bis die Eschenorme und Eichenhenker heran waren und ihn töteten. Von der anderen Seite her aber ritten nun auch noch die WeidenDilldapps an, ritten nieder, wer vom Feind da noch stand, schoß, hieb oder stach.

Da drangen im Osten die ersten Sonnenstrahlen über den Horizont. Sie blendeten für einen Moment den Baumriesen. Er spürte, wie er zusammenschrumpfte. Einen Augenblick nur – die Sonne stand am Himmel und Madru war wieder er selbst. Vor der Weißdornhecke stand er und hörte ein fernes Hornsignal von irgendwo unter der Erde. Er vermochte jetzt nicht mehr das gesamte Schlachtfeld zu überschauen. Der Tag versprach sonnig und klar zu werden. Madru fühlte sich müde. Ein Gefühl von Ekel und Trauer überkam ihn.

Dann nahte ein langer Zug. Die Wölfe und Füchse. Es folgten die Baumwesen. Gelichtete Reihen. Unter denen, die da an ihm vorbeiwankten, waren viele verwundet. Die Erde hatte sich aufgetan. Es lockte die Melodie einer Flöte. Ein Trommelwirbel erklang. Durch einen breit klaffenden Spalt stiegen sie alle hinab in die Höhle. Madru lief zwischen den Wölfen, die mit unablässigem Geheul ihre Toten beklagten.

Dort, wo Fackeln das Dunkel aufhellten, stand Bru an einem riesigen aus Silber getriebenen Kessel, dessen Außenwände Reliefs verzierten. Menschenwesen, die auf Fischen ritten, erkannte Madru, Fabeltiere, einen träumenden Mann, auf dem Kopf ein Geweih, in der einen Hand einen Stab, in der anderen eine gezähmte Schlange.

Eine Kavalkade von WeidenDilldapps sprengte heran, alle mit Fellbündeln aufdem Rücken. Auch die Eberjimmies waren plötzlich wieder da und machten sich nützlich. Jede der neun Baumnymphen trug einen Holzeimer voll Wasser herbei und entleerte ihn in den Kessel.

Bru hob, Ruhe gebietend, die Hand. »Wir haben gesiegt«, rief sie. »Der Preis an Opfern, der zu zahlen war, ist hoch. Es hat uns widerstrebt, alle diese Kräfte in einer Schlacht aufbieten zu müssen.

Wir wollen Frieden. Mit dem Eintauchen in das Wasser der heiligen Quelle Modrigul werde ich kraft meines Amtes als Königin aller Wesen der Anderswelt, als Göttin der Bäume und wilden Tiere, nun all jene wieder zum Leben erwecken, die durch die Habgier der Menschen hingeschlachtet worden sind. Betet für die Seelen unserer gefallenen Kriegerinnen und Krieger wie auch für die unserer toten Feinde. Weil nun aber der Große Wald zweimal Schauplatz so grausamer Geschehnisse geworden ist und weil dadurch das Gleichgewicht von Geburt, Wachstum und Tod gefährlich gestört wurde, bestimme ich, daß von nun an für die Dauer von tausend Jahren nach der Zeitrechnung der Sterblichen keines Menschen Fuß mehr den Großen Wald betreten soll.«

Sie tauchte ihre linke Hand in den Kessel und schrieb ein Segenszeichen in die Luft. Nun wurde Pelzbündel um Pelzbündel aufgeschnürt und in den Kessel geworfen; sogleich verwandelten sich die Felle wieder in lebendige Tiere. Sie tauchten am anderen Rand des Gefäßes aus dem Wasser auf und stießen Laute des Vergnügens und der Lebensfreude aus. Vom Kesselrand sprangen sie auf den Boden der Höhle und rannten dann eiligst davon, dem Großen Wald entgegen.

Als so dem Großen Wald sein Reichtum an Pelztieren wiedergegeben und die Menschen für lange Zeit aus ihm verbannt worden waren, sandte Bru Eschenorme zu jener Schneise, die die Hundertschaft der Axtträger schon in den Bannwald geschlagen hatte und hieß sie, dort anwachsen. Damit es ihnen aber nicht langweilig werde, und vor allem, damit sie der Liebe nicht entbehren müßten, ließ sie ein paar Heckenrosenamazonen, ein paar Holunderhulden und ein paar Apfeltruden mit ihnen gehen.

»Und du ... was wirst du nun tun?« fragte sie Madru, als all dies geregelt worden war.

»Ich bitte Euch, gebt mir Urlaub.«

»Wo willst du hin?«

»Ich will meine Liebste suchen, die der Tod mir entführt hat.«

»Sie ist im Totenreich«, sagte Bru, »und dahin kann kein Sterblicher gelangen, solange er noch am Leben ist.«

»Wenn sie dort ist, will und muß ich auch dorthin. Und ist sie nicht dort, so will ich dorthin, wo sie atmet und lebt, und sei es, daß ich ins Reich des Bösen müßte oder hinauf zu den Sternen.«

»Ich sehe schon«, sagte Bru, »ich werde dich nicht davon überzeugen können, daß du dich auf etwas Sinnloses einläßt. Ich gebe dir Urlaub. Aber wenn der Große Wald deiner Hilfe bedarf, befehle ich, daß du umgehend an meinen Hof zurückkehrst.«

»Der uns träumt, schütze Euch und den Großen Wald!«

»Heute morgen hast du deinen Traum träumen dürfen. Wie hat dir das gefallen?«

Von Gefallen könne keine Rede sein, erwiderte Madru, er habe durchgehalten.

»Ich danke dir, mein gehorsamer Ritter«, sagte Bru nicht ohne Spott in der Stimme.

Er suchte unter den Feenwesen Allwiss. Er erzählte ihm, daß er um Urlaub gebeten und diesen auch erhalten habe. Wie er bei Laune sei, erkundigte sich der Zwerg.

»Traurig, mißmutig«, erwiderte Madru, zum Krieger sei er nicht geschaffen. »Hab ich nicht einen Wunsch frei? Was weißt du über das Land der Schwarzen Fürsten?«

Wie es im Totenreich aussehe, wollte ihm Allwiss nicht erzählen, da sei ihm die Zunge gebunden, sagte er.

»Dann beschreibt mir wenigstens, auf welchem Weg ich bis an die Grenze des Totenreiches gelange.«

»Kommt«, sagte Allwiss, »diesen Wunsch muß ich Euch wohl oder übel erfüllen.«

Er führte ihn hinauf, zurück auf das Schlachtfeld, wo die Eichenhenker immer noch damit beschäftigt waren, die Gefallenen zu begraben. Sie traten an eine Grube, in der schon viele tote Ledermänner lagen. Immer noch wurden neue Leichen herangetragen und zu den anderen hinabgeworfen. Da hielt Allwiss zwei Eichenhenker, die einen Toten trugen, an. Es war ein junger Mann, etwa in Madrus Alter. Allwiss griff in die Hosentasche des Toten und zog etwas hervor.

»Kennst du das?« fragte er und reichte Madru das Päckchen. »Wie ... mein Bilder-spiel?«

»Ganz recht«, sagte Allwiss, »er hat es in deiner Zelle gefunden, als sie das Haus der Lehren geplündert und verwüstet haben. Sie fanden dort wenig, was sie zum Mitnehmen verlockte. Aber die bunten Bilder tun es jedem an. So hat er dir dein Spiel zurückgebracht, und es kann dir den Weg zum Totenreich weisen.«

Er machte den beiden Eichenhenkern ein Zeichen, sie könnten jetzt den Gefallenen zu den anderen hinab in die Grube werfen. »Auf Wiedersehn, Madru«, sagte Allwiss, »ich bin sicher, wir sehen uns noch einmal.«

»Leichen ... zu viele Leichen«, hörte ihn Madru murmeln, als er auf seinen Stock gestützt fortging, zum Weißdornbusch hin. »Ein schlechter Traum diese Menschenwelt!«

SIEBZEHNTES KAPITEL

Die Wanderung zur großen Mauer · Der Lebensbaum
des Sternensohnes wird gepflanzt, und warum Madru
nicht ins Totenreich, sondern ins Land des Bösen gelangte

DER TURM
BIRNBAUM

Madru setzte sich auf einen Stein, der irgendwo auf dem Schlachtfeld aus der Erde ragte. Er mischte das Kartenspiel, zog eine Karte heraus und ließ sie vor sich auf die Erde fallen. Da hing sie zwischen den Grashalmen. Es war die sechste. Er betrachtete das Bild. Er trat in das Bild ein, spürte, wie er zu einem Teil des Bildes wurde. Dann sah er sich selbst dabei zu, wie er aufstand und zu der Weißdornhecke ging. Ohne Schwierigkeiten gelangte er wieder hinüber in die Anderswelt. Er brauchte nur dem Gelächter und der Musik zu folgen. So geriet er auf das Fest, das zu Ehren des Sieges der Baumwesen gefeiert wurde. Eigentlich wollte er zwischen den Tanzenden nur hindurchgehen, sich nicht weiter um sie kümmern.

Er hatte nur das Ziel vor Augen, Alissa zu finden. Aber dann trat eine junge Frau auf ihn zu, deren traurige Augen ihm auffielen. Die Musik klang so verlockend. Eine Erinnerung war darin an etwas, das sehr lange zurücklag, doch es wollte ihm keinesfalls einfallen, woran.

Er begann mit der Frau zu tanzen. Sie hatte langes blondes Haar und trug ein einfaches weißes Kleid mit einem Gürtel aus Weidenblättern um die Hüften. Wie er sie so herumwirbelte und sie leicht wurden wie zwei Federn, mit denen der Wind spielt, fiel sein Blick auf die Musikanten, und er sah unter ihnen einen Fiedler, der Ase glich.

Ja sagte er sich, als sie die nächste Drehung machten und es mit dem Ausblick auf die Musikanten vorbei war, es muß Ase sein. Bis er aber wieder hinsah, war der Mann verschwunden. Madru hielt beim Tanzen inne und schüttelte den Kopf.

»Was hast du denn?«, fragte die junge Frau, »gefällt es dir nicht, wie ich tanze?«

»Doch«, antwortete er, »es tanzt sich gut mit dir. Man wird leicht dabei. Aber ich muß weiter. Ich will ins Totenreich. Du weißt nicht zufällig den Weg dorthin?«

Sie schüttelte den Kopf.

»Denk nach. Du mußt etwas wissen, sonst hätte ich diese Karte nicht gezogen.«

»Das Wasser, wenn es vorbeifließt, murmelt so manches«, erwiderte sie.

»Erinnere dich!« beharrte er.

»Ich weiß nicht«, sagte sie mit einem trägen Lächeln, »Ob du nun heute gehst oder morgen, davon wird der Weg nicht kürzer und nicht länger. Du gefällst mir. Komm mit, dann kannst du selbst hören, was sie im Wasser reden.«

»Wer redet da?« fragte er scharf.

»Die Ertrunkenen. Meist sind es unglückliche Frauen.«

Er schüttelte unwillig den Kopf, als glaube er ihr nicht, ging dann aber doch mit. Beim Tanzen war es ihm vorgekommen, als habe sie Alissas Augen. Als sie durch den Tanzsaal gingen, begegneten sie Bru, die mit großem Gefolge daherkam. Sie trug ein schimmerndes Seidenkleid und Seidenschuhe aus lindgrünem Atlas. In der Hand hielt sie einen Fächer, mit dem sie kokett spielte. Sie lachte und sagte: »Hat mein Ritter also doch noch nicht Urlaub genommen. Findet er nicht auch, daß die Frauen an meinem Hof ungewöhnlich hübsch und begehrenswert sind? Bis später, Madru.«

Die junge Frau, mit der er getanzt hatte, nahm ihn wieder bei der Hand und führte ihn aus der Höhle hinaus auf eine Flußaue. Wie Schneeflecken lag das Mondlicht auf Gräsern und Büschen. Irgendwo hörte er das tosende Geräusch eines Baches. Sie gingen auf das Wasser zu. Die junge Frau lehnte sich an einen schrägstehenden Weidenstamm und lächelte. Sie hob ihren Rock. Darunter war sie nackt. Er legte seine Hand auf ihren Schoß und sie küßten sich.

»Hast du sie flüstern gehört?« fragte sie.

»Ich hörte etwas, aber sehr fern.«

»Das habe ich dir ja gesagt« antwortete sie. Sie zog ihn fest an sich. Ihre Hände fuhren unter sein Hemd und strichen über seinen Rücken.

»Wie schön heiß du bist«, sagte sie erregt, »hier am Bach ist es immer feucht und kühl.«

Er dachte: Ich sollte sie fragen, wie sie heißt. Das vergaß er. Er sank durch einen Strudel in dieses NichtmehrWissen hinab. Aber als die Lust endete, war da ein Geräusch. Das mußten die Stimmen sein, die sie gemeint hatte. Er sah im Wasser treibende Körper. Die Kleider vollgesogen. Seegras zwischen großen, unangenehm weißen Brüsten. Gesichter, angenagt von Ratten. Steine in ihren Taschen. Einen Dolch in der Brust. Ein Neugeborenes trieb vorbei. Zwei Prinzen, die man in einem Faß Wein ertränkt und dann in den Bach geworfen hatte. Und alle flüsterten sie so voller Verlangen immer wieder diese paar Worte. So rasch, so leise. Er konnte sie immer noch nicht verstehen. Es war ihm, als müsse er erst noch in einen Brunnen springen und die Worte von dessen Grund heraufholen. Er hielt die Luft an und sprang hinab. Er sah einen goldenen Ball dort unten liegen, und als er ihn berührte, hörte er zu den Schlägen ihrer wie toll schlagenden Herzen endlich, was all die Ertrunkenen murmelten: »Die Schlucht des Vergessens.«

Die junge Frau und er lösten sich voneinander. Sie strich sich mit der Hand ihr Kleid glatt.

»Danke«, sagte Madru.

»Das Wort hast du gehört«, sagte sie »jetzt wirst du fortgehen.«

»Es hat keine Eile ... jetzt nicht mehr. Wie heißt du?«

»Ich habe keinen Namen«, antwortete sie, »es sei denn, du würdest mir einen schenken. Ich bin eins der vielen Weidenweiber, die ihre Beine breit machen für die Soldaten nach der Schlacht. «

»Gut«, sagte er, »dann sollst du Melancholia heißen.«

»Wie kommst du nur darauf?«

»Es ist ein schöner Name. Er paßt zu dir. Er schließt alles ein, was ich mit dir erlebte. Oder würdest du lieber Melanie heißen? Melanie ist nichts Besonderes. Aber eine Frau, die Melancholia heißt, die wird keiner vergessen.

Darauf schieden sie, und nachdem er ein paar Schritte gegangen war, zog er die zweite Karte. Es war die Karte 0 des Bilderspiels: DIE BIRKE.

Er befand sich in einem hohen Gebirge mit kahlen Schluchten und nackten, felsigen Kämmen, auf denen Schnee lag. Ein schmaler Pfad schraubte sich einem Paß entgegen. Madru überholte einen jungen Mann, der einen langen Stab in der Hand hatte und ein Ränzel auf dem Rücken trug. Um die Füße des Wanderers tänzelte ein kleiner Hund.

»Guten Tag Kamerad« sagte Madru.

»Einen glücklichen Tag auch dir und möge der Weg unter deinen Sohlen niemals steinig sein« antwortete der Bursche freundlich. »Du hast einen kräftigen Schritt« sagte Madru, der Mühe hatte, an seiner Seite zu bleiben.

»Das versteht sich« sagte der junge Mann, »ich erfülle eine ›Gesa‹. Und falls ihr in Norrland nicht wißt, was das ist, will ich es dir auch gleich erklären. Es ist ein Befehl, dem man unbedingt gehorchen, ein Auftrag, den man unbedingt erfüllen muß. Ich bin unterwegs zu der Quelle, aus der das Wasser des Lebens fließt, und wenn ich in hundert Jahren nicht zurück bin, heiratet mein Mädchen einen Schneider, und das darf nicht sein.

»Ich habe auch meine Sorgen«, sagte Madru, »ich suche den Weg ins Totenreich.«

»Was wäre einfacher als dort hinzugelangen«, entgegenete der junge Mann, »sieh einmal da hinab. Das ist die ›Schlucht des Vergessens‹. Du mußt dort hinunter. Wer durch die Schlucht gelangt ist, der reist hinfort mit leichtem Gepäck und das ist eine wichtige Voraussetzung, wenn man hin will, wo du hinwillst.«

»Ich habe gar kein Gepäck.«

»Du hast immer noch mehr als du meinst«, sagte der Wanderer.

»Und wie komme ich dort hinab?«

»Indem du dich kurzerhand hinunterstürzt. Auf irgendeine Art und Weise mußt du doch zu Tode kommen.«

»Mich umbringen?« fragt Madru erstaunt.

»Sagt nur, du wärst nicht dazu fähig.«

»Ich habe Angst«, sagte Madru.

»Angst wovor?«

»Wenn ich mir vorstelle, wie ich aussehen werde, wenn ich dort unten angekommen bin«, sagte Madru und schüttelte den Kopf. Sie waren inzwischen an den Rand des Pfades getreten.

»Vielleicht sollte ich ein wenig nachhelfen«, sagte der Wanderer und versetzte, ohne die Antwort abzuwarten, Madru einen heftigen Stoß, so daß dieser hinabstürzte. Zuerst meinte Madru, allein der Schreck, der ihn durchfuhr, werde ihn töten. Aber als er nach einer Weile immer noch Atem schöpfen konnte und er sein Herz schlagen spürte, war er sicher, zumindest bis jetzt noch am Leben geblieben zu sein.

Einen Augenblick später wurde ihm dazu noch bewußt, daß er nicht rasch stürzte, sondern langsam dahinsegelte wie ein Blatt, das von einem Baum abgerissen worden ist. Schließlich landete er ganz sanft und ohne sich auch nur im geringsten weh getan zu haben auf einer Wiese am Boden der Schlucht. Es kamen sofort zwei Kerle daher, Gepanzerte, mit merkwürdig geformten Helmen und im Küraß. Dort, wo gewöhnlich das Herz sitzt, hing bei ihnen ein Schloß. Sie waren von gewaltiger Körpergröße. So fiel es dem einen nicht schwer, Madru einfach an den Beinen zu packen und ihn mit einem Arm von sich zu strecken. Dann klopfte ihm der andere mit der Hand auf Rücken und Hintern, und dabei fiel allerlei aus seinen Taschen, Dinge, von denen er nicht ahnte, daß er sie bei sich trug und wieder andere, die er verlegt hatte.

Der Erste von den beiden Riesenkerlen stellte ihn wieder auf die Beine, sammelte alles, was ihm aus den Taschen, aber auch aus Nase, Ohren und Mund gefallen war, sorgfältig ein, legte es auf ein Tuch, das verknotete er und sagte zu dem anderen Wächter: »Also, dann ab mit ihm!«

Sie nahmen ihn in die Mitte und führten ihn zu einem hölzernen Landesteg, der sich vom Ufer in den Fluß vorschob. Es dauerte nicht lange, da kam ein Floß den Fluß herab, auf dem saßen bärtige wilde Kerle, und alle trugen sie spitze schwarze Hüte, schwarze Samtjacken mit großen Perlmuttknöpfen und in einem Ohr einen schmalen goldenen Ring. Sie legten an, und es war offenbar längst vorher abgemacht, daß sie jeden, der hier ausgeleert worden war, mit fortnehmen mußten.

Sie bekamen von den beiden Riesenkerlen auch einige Münzen, aber kaum, daß sie in die Hand dessen gelangt waren, der den Steuerbalken bediente, da wurden sie zu Oblaten, die er unter alle aufteilte.

Als sie mit dem Floß in der Mitte des Flusses waren, holte einer der Männer ein Kartenspiel hervor. Er fragte Madru, ob er nicht mitspielen wolle, und der antwortete, er kenne die Spielregeln nicht. Das sei ganz einfach, erklärte ihm der Mann. Jeder habe fünf Karten in der Hand und die Könige seien die höchsten Trümpfe. Wer das Spiel ansage, der bekomme noch zwei Karten mehr als die anderen. Es war Madru, als sei er über eine ganz wichtige Regel getäuscht oder nur unrichtig informiert worden. Trotzdem sagte er, gut, er wolle mitspielen, und als sich zum ersten Mal Gelegenheit ergab, einen Stich zu machen, pflanzte er den König hinein. Was aber auf die Karten, welche die anderen ausgespielt hatten, fiel, war nicht einer der vier Könige aus dem Blatt, das sie benutzten, sondern die vierte Karte des Bilderspiels: DIE TANNE.

Sofort erhob sich großes Geschrei unter den Spielern. Zwei zogen gar ihre Messer, und Madru schrie: »So stecht schon zu! Dann bin ich wenigstens endlich tot und finde den Weg ins Totenreich.« Da wollten sie alle hin, bekam er zu hören, und jetzt stellte es sich heraus, daß sie Holzfäller waren, die von umstürzenden Bäumen erschlagen worden waren. Deswegen hatten sie es noch als Provokation aufgefaßt, daß er gerade diese Karte zum Stechen benutzte.

Überhaupt, sagten sie, dürfe man die Könige als Trümpfe nicht benutzen, das bringe Unglück. Er wollte sie daran erinnern, was der eine ihm zu Anfang erklärt hatte, getraute sich aber nicht, da er ja nun wußte, daß sie ins Totenreich unterwegs waren und er weiter unter ihnen bleiben mußte, wenn er auch hingelangen wollte.

Wie durch Zauber aber spielte er doch wieder den König, als sich das nächste Mal Gelegenheit dazu bot, mit dieser Karte einen Stich zu machen. Nun sei es genug, riefen sie und warfen die Karten, die sie noch in Händen hielten, auf die, mit der er gestochen hatte. Der eine holte einen Hammer hervor und ein langer rostiger Nagel fand sich auch. Andere hielten ihn an Armen und Beinen fest, und die Karte mit dem König wurde ihm auf die Stirn genagelt.

Darauf legte das Floß an und er mußte von Bord gehen. Sie hatten die Schlucht inzwischen verlassen. Der Fluß wälzte sich jetzt träg durch eine staubige Ebene, in der alles verdorrt schien. Überall sah Madru Ziegen, die auffällig mager waren und auf verbrannten Grasflächen weideten. Als ihn der Weg vom Fluß fortführte, tauchte in der Ferne eine vieltürmige Stadt auf. Sie lag auf einem Höhenrücken und war ganz und gar von starken Mauern umschlossen. Am Stadttor hielten ihn Wachen an und verlangten seinen Paß zu sehen. Er besaß keinen, deutete statt dessen auf die Spielkarte an seiner Stirn, gewiß, daß sie die auch gelten lassen würden. Jetzt wurde der Posten ganz freundlich. Ein Offizier kam. Die beiden flüsterten etwas, das er nicht verstand, bis er sie dann mit sichtlichem Frohlocken zueinander sagen hörte: »Er ist es. Endlich ist er da.«

Eine Frau trat hinzu und sagte: »Führen wir ihn zum König. Es wird Zeit, daß dem ein Ende gemacht wird.« Sie berührte sehr behutsam mit der Hand seine Stirn, zog den Nagel heraus, und in dem Moment, da er ihn selbst in die Hand nahm, wurde ein Messer daraus. Die Frau warf die Karte mit dem König fort. Darauf kam sie wieder zu Madru zurück und sprach: »Mit diesem Messer mußt du den König töten. Umarme ihn bei der Begrüßung und dabei stich ihm das Messer in den Rücken. Auf diese Weise wird er am wenigsten zu leiden haben.«

»Aber warum soll ich ihn töten?« fragte Madru aufgebracht über den Vorschlag.

»Es ist gut für dich und für uns. Er hat sieben Jahre regiert und nun muß ein neuer König her. Du bist unser neuer König.«

Madru schüttelte den Kopf und sagte, er wolle aber ins Totenreich.

»Erst mußt du den alten König töten, damit der Bann von den Menschen und den Tieren genommen ist«, sagte die Frau, »danach werden wir weitersehen.«

Bald schritt er einem gewaltigen Zug von Menschen und Ziegen voran, der sich zu dem prächtigen Schloß bewegte … die Ziegen immer mit, als wäre es ihr gutes Recht.

Sie stiegen die breite Treppe hinauf und betraten einen großen Saal, der war völlig leer, bis auf den Thronsessel, und auf dem saß finster dreinblickend der König. Alle Fenster waren verhängt. »Gut, daß Du da bist, Junge«, sagte der König, als Madru an den Stufen des Thrones stand, »viel länger hätte ich es wirklich nicht mehr ertragen können. Du hast ja gesehen, wie sehr mein armes Volk leidet. Die Felder tragen keine Früchte mehr, die Ziegen vermehren sich nicht, die Männer können mit den Frauen keine Kinder mehr zeugen. Wir sind dir alle dankbar, daß du gekommen bist, um mich zu töten.«

Der König stand auf, um ihn zu umarmen und einem merkwürdigen Impuls, der seinem eigenen Willen zuwiderlief folgend, stieß ihm Madru das Messer in den Rücken. Der König stürzte tot hin. Das Volk und die Ziegen jubelten. Ja, die Ziegen auch, wenn sich auch deren Jubel als ein lautes Meckern kundtat. Männer mit Dudelsäcken, Klarinetten und Fiedeln kamen in den Saal marschiert. Sie spielten auf ihren Instrumenten, und die Menschen tanzten, die Ziegen tanzten, und manchmal tanzte auch ein Ziegenbock mit einer Frau.

Madru saß auf dem Thron und dachte, als er das ausgelassene Treiben betrachtete: Ich könnte König werden. So übel nicht. Zwar stinkt es in dieser Stadt überall nach Ziegen, aber daran würde ich mich wohl mit der Zeit gewöhnen. Doch sieben Jahre lang warten, bis ein neuer König auf den Thron kommt und sie mich dann in den Tod schicken, das dauert mir zu lange. Nein, ich darf mein Ziel nicht aus den Augen verlieren. Es muß eine Möglichkeit geben, um rascher ins Totenreich zu gelangen.

Er sah prüfend auf die vergnügt tanzende Menge. Die würde es gar nicht merken, ob da einer auf dem Thron saß oder nicht. Also stand er vorsichtig auf und schlich sich auf Zehenspitzen aus dem Saal ins Treppenhaus. Und was sah er da? Unten, auf der Straße war gerade eine gläserne Kutsche vorgefahren. Vier Diener in schwarzen Hemden, schwarzen Helmen, rotem Nackenschutz und roten Stiefeln trugen einen gläsernen Sarg, in dem der tote König lag, hinab zur Kutsche. Madru sprang rasch hinter eine Säule, und als die Diener langsam und gemessen mit dem Sarg an ihm vorbeischritten, sah er, daß sie Totenschädel als Köpfe hatten. Siehe da, sagte er sich, die werden doch wohl aus dem Totenreich sein. Und als dann die Kutsche unten anfuhr, rannte er schnell die Treppenstufen hinunter und sprang hinten auf. Das war eine Fahrt, als gelte es ein Wettrennen mit dem Wind, und Madru wurde ganz leicht ums Herz. Er sah sich schon am Ziel. Während die Rappen, die die Kutsche zogen, losgaloppierten, hielt er sich nur mit einer Hand fest und ließ den Daumen der anderen Hand über sein Bilderspiel schnurren. Da fiel eine Karte heraus. Sie blieb auf dem Straßenpflaster liegen, und wenn sich auch die Kutsche blitzschnell entfernte, so konnte er doch erkennen, welche es gewesen war, nämlich die Karte XV des Bilderspiels: DIE EBERESCHE.

Nun weiß man ja, wie lieb und wert Madru sein Bilderspiel war, und er fand, er könnte die Karte unmöglich dort im Staub liegen lassen. Also sprang er von der Kutsche ab, ging ein Stück des Weges zurück und dachte dabei mißmutig: Wer weiß, wie weit ich immer noch von meinem Ziel entfernt bin. Vielleicht ist es doch unmöglich für einen, der noch lebt, ins Totenreich zu gelangen. Alle haben mir das gesagt, aber ich habe es nicht glauben wollen. Endlich war er an die Stelle gekommen, an der die Karte auf dem Straßenpflaster lag. Er hob sie auf und steckte sie in das Spiel zurück. Da war es ihm, als höre er ganz in der Nähe einen Brunnen rauschen. Er wich von der Straße ab, um ihn zu suchen, denn er war sehr durstig geworden. Das Wasser sprudelte an einem Hang zwischen mit Moos überwucherten Steinen und schwefelgelbem Kies hervor. Er kniete sich hin und trank, bis sein Durst gestillt war, und als es ihm gerade durch den Sinn ging, daß es doch kaum etwas Köstlicheres gäbe gegen Durst als eiskaltes Quellwasser, sah er eine Eberesche, die Früchte trug und zwischen den grünen Blättern und den roten Beeren blinzelte ein Tier von erschreckender Häßlichkeit. Es hatte den Kopf einer Eidechse, den Schnabel eines Raubvogels und große Fledermausflügel.

»Manchmal ist rückwärts besser als voran«, sagte das Tier mit einer hohen keckernden Stimme.

»Wer bist du?« fragte Madru und blinzelte.

»Ich heiße so wie ich aussehe – Widerling«, sagte der kleine Dämon, »und von mir hörst du nur dreierlei. Auf geradem Weg kommst du nie zum Ziel.«

»Und was ist der dritte Satz?« fragte Madru.

»Der dritte Satz«, sagte der Widerling, »lautet: Der Stamm ist die Tür und zurück geht es wie durch die Nacht.«

»So ein Blödsinn«, sagte Madru. »Was soll ich damit anfangen?« Er machte ein verdrießliches Gesicht. Der Widerling war verschwunden. Madru stand da, um sich surrende Mittagshitze.

»Der Stamm ist die Tür«, murmelte er, »und zurück geht es wie durch die Nacht.« Ein merkwürdiger Satz, aber er blieb ihm im Ohr. In der Eberesche fand er keine Tür. Und dann fiel ihm jener Satz ein, den der Widerling zu allererst gesagt hatte: »Manchmal ist rückwärts besser als voran.«

Also ging er zur Straße zurück. Nach einer Weile erreichte er eine Wegkreuzung. Der erste Weg lief geradeaus, der zweite hatte Kurven und Ecken.

»Den zweiten muß ich gehen«, sagte Madru zu sich selbst, »Verzeihung, wenn ich so schlecht von dir gedacht habe, Widerling.« Der Weg führte über Berg und Tal, durch Sumpf und Morast, über Stock und Stein. Madru folgte ihm einen Tag und durchmaß all seine Kurven und Winkel. Am Ende des Tages aber, als die Sonne unterging, sah er vor sich eine große Mauer. Sie lag gegen Norden und er war sich ganz sicher, daß das die Mauer sein mußte, die die Anderswelt vom Totenreich trennt.

Es gab kein Tor und keinen Spalt, nicht einmal ein Mäuseloch im Boden, und von einem Baum, in dem eine Tür hätte sein können, war auch nichts zu sehen, und wenn man vor der Mauer stand, so meinte man, sie reiche bis über die Wolken an die Sterne.

Madru ging an der Mauer entlang und überlegte: Soll ich jetzt umkehren? Nein, erst einmal will ich schlafen. Wenn Bru mich als Träumer gebraucht hat, bin ich vielleicht kein so schlechter Träumer, und vielleicht fällt es mir im Traum ein, wie ich doch noch ins Totenreich gelange. Er streckte sich also auf der Erde aus und schob eine Hand als Kissen unter die Wange. Im Traum, der ja ein Traum im Traum war, wenn man die Dinge genau nimmt, hörte er zuerst ein klatschendes Geräusch, dann Flügelschlag und endlich ein Rascheln.

»Er hat uns längst vergessen«, sagte die Kröte, als sie heranhüpfte.

»Bisher haben die Wölfe ihm immer beigestanden«, meinte die Elster, »da konnte sich unsereiner zurückhalten.«

»Dabei sind wir seine Traumtiere«, sagte der Dachs schmollend, »und was er an den Wölfen hat, wird er noch sehen.«

»Nun hab dich nicht so«, schimpfte die Kröte, »das klingt ja als wärest du eifersüchtig.«

»Ach«, sagte der Dachs großspurig, »Unsereiner ist jenseits von gut und böse. Aber mir haben sie auch nachgestellt, und es war nicht so leicht, meine Haut zu retten. Das muß doch einmal gesagt sein.«

»Schon gut«, beruhigte ihn die Kröte, »aber nun ist ja Friede im Großen Wald. Wir sind doch nicht hier, um uns gegenseitig etwas vorzujammern, sondern wegen des Jungen. »

»Jammern kann sehr wohltuend sein«, wandte der Dachs ein.

»Ruhe«, gebot die Elster, »und bitte zur Sache. Der Junge hat es sich nun einmal in den Kopf gesetzt, das Totenreich zu besuchen. Wir sollten uns darüber einig werden, ob wir ihm dabei helfen wollen oder nicht?«

»Er soll nur gehen«, sagte der Dachs immer noch etwas brummig.

»Wie meinst du das?« fragte die Elster eindringlich. »Sei nicht so maulfaul.«

»Also, ich bin dafür, daß er seine Erfahrungen macht«, meinte der Dachs in blasiertem Tonfall.

»Dafür bin ich auch«, sagte die Kröte, »aber so ungefährlich ist das drüben nicht.«

»Und das Reich des Bösen liegt gleich um die Ecke!« flötete die Elster.

»Ich würde ihn auch noch nicht als voll und ganz erwachsen bezeichnen wollen«, brummte der Dachs.

»Als ob du es etwa wärest«, sagte die Kröte spitz. »Warum ist eigentlich Bruder Bär nicht da?«

»Bruder Bär könnt ihr vergessen. Er hat etwas gegen uns und gegen den Jungen. Seid froh, wenn er sich gar nicht erst blicken läßt. Also ich habe nichts dagegen, daß wir jetzt seinen Lebensbaum pflanzen. An was für eine Art habt ihr denn gedacht?«

»An einen Mammutbaum«, erklärte die Kröte, »sie werden sehr hoch und erreichen ein beträchtliches Alter.«

»Also dann«, sagte der Dachs, »alles klar … wie? Ich bin nämlich von Verwandten zu einer kleinen Bootspartie eingeladen … « Er wollte sich rasch empfehlen.

»Hiergeblieben«, entschied die Kröte, »erst wird die Sache erledigt, drei müssen schon sein, wenn es ein glückliches Leben werden soll.«

»Macht euch bitte klar«, sagte die Elster, »was es bedeutet, wenn wir uns in seinem Fall für einen Mammutbaum entscheiden. Madru wird solange leben wie dieser Baum lebt, und das heißt nicht ewig, aber lange. So lange zu leben, ist nicht nur ein Spaß.«

»Nun ja«, sagte die Kröte »aber doch auch interessant.«

»Wenn niemand mehr das Wort wünscht, schreite ich zur Tat«, sagte die Elster, und sie ließ den Samen für den hohen Baum unmittelbar neben der Mauer auf den Boden fallen. Die Kröte murmelte ein kurzes Sprüchlein. Der Dachs sammelte kräftig Speichel und spuckte auf die Stelle.

»Dann bis demnächst wieder einmal, meine Damen«, sagte er und huschte davon.

Die Kröte und die Elster blieben noch ein paar Stunden, bis der kleine Baum kniehoch aus dem Boden aufgewachsen war. Kaum aber waren auch sie davon, da tappte der Bär herbei. Er ließ ein böses Brummen hören. »Ha … Bruder Bär könnt ihr vergessen … seid froh, daß er sich nicht blicken läßt«, er ahmte die Sprechweise des Dachses nach, »das konnte euch so passen. Auch ich bin sein Traumtier.« Und mit diesen Worten riß er das Bäumchen mit einer Behutsamkeit, die man ihm gar nicht zugetraut hätte, aus, trug es ein ganzes Stück weiter fort und setzte es dort wieder ein. Darauf nickte er zufrieden.

»Ein lebendiger Sterblicher und ins Totenreich«, sagte er zu sich selbst, »soweit käme es noch. Ja, er soll seine Erfahrungen machen. Aber er wird sich wundern, wohin er gelangt, wenn er durch die Tür in diesem Baum geht.«

Er knurrte zufrieden und trollte sich dann.

Achtzehntes Kapitel

*An der Brücke des Bösen Geistes · Madru gewinnt drei Zauber-
mittel, aber das vierte nicht · Alissas Verwandlungen
Vor den Herren der hohen Türme · Madru verliert Alissa abermals*

DIE SONNENFRAU
GINSTER

Als Madru erwachte, sah er nicht weit von der Stelle, an der er sich schlafen gelegt hatte, einen sehr hohen Baum mit einem Stamm stehen, den fünf Männer mit ausgestreckten Armen nicht hätten umspannen können. Der Baum wuchs höher auf als die Große Mauer, und weitgespannten Äste sahen aus wie die Dächer von grünen Schirmen. Madru trat ganz nahe an den Baum heran. Ein angenehmer Duft ging von seiner Rinde aus. Der Baum stand nahe an der Mauer, aber Madru wußte nicht, wie er den Baum benutzen solle, um die Mauer zu überwinden, zumal die untersten Äste so hoch waren, daß er sie nicht erreichen konnte. Da hörte er am Baum einen Specht hämmern, und aus dem hölzernen Laut schien der Satz zu ihm hin zu fliegen: »Klopf nur an, klopf nur an!« Warum es nicht versuchen, dachte Madru, krümmte seinen Finger und klopfte dreimal an die Rinde. Und siehe da, er erkannte eine Tür und vermochte sie zu öffnen. Hinter der Tür führte eine Wendeltreppe hinunter ins Erdinnere. Er sprang sie hinab.

Die Treppe endete tief unten in einem dunklen Gang. Felsbrocken waren von der Decke herabgestürzt, und es war mühsam voranzukommen. Ein Licht sah Madru nur in großer Ferne. Dort wird der Ausgang sein, dachte er und machte sich daran, über all die Felsen, die im Weg lagen, hinwegzuklettern. Es dauerte einen ganzen Tag, ehe er an das Ende des Ganges kam.

Er trat ins Freie. Es war schon dunkel. Die Luft war heiß, und es ließ sich schwer atmen. In der Luft trieben Rußflocken. Madru stand an einem Fluß, in dessen Wasser sich zwei Monde spiegelten. Der eine leuchtete blaßrot, der andere in einem giftigen Grün. Es schauderte ihn. Der Fluß floß langsam dahin. Ein bestialischer Gestank ging von ihm aus. Das Wasser schien zäh wie Pech, und Unrat und tote Tiere wurden in den Strudeln an die Oberfläche gewühlt.

Madru folgte dem Lauf des Flusses und kam an eine steinerne Brücke mit drei Bogen. Die Häuser am anderen Ufer sahen wie Festungen aus, aber die Wände hatten Löcher und Spalten, so daß er ins Innere sehen konnte. Hier sah er, wie zwei aufeinander einprügelten, dort wie einer einen Freund von hinten erstach. Da kniete einer vor einer Truhe und zählte Geld, nebenan zwang ein anderer eine Frau, ihm zu Willen zu sein.

Am Stadttor kam Madru an zwei Scharwächtern mit Hellebarden vorbei. Sie machten keine Anstalten, ihn aufzuhalten. Er trat näher zu ihnen heran, da sah er, daß sie keine Gesichter hatten. Er fragte sie dennoch, wie denn diese Stadt heiße, in die man durch den Torweg gelangte. Da wiesen sie in die Höhe, wo auf einem Steinvorsprung ein rotes Windlicht brannte und darunter erkannte Madru den an den Hinterpfoten aufgehängten Kadaver einer Katze.

Die Stadt heiße »an der Brücke zum Bösen Geist«, sagte ein Mann, der vorbeikam, und eben da fiel es Madru zum ersten Mal auf, daß die Leute, denen er begegnete, Masken aus Leder trugen, die das ganze Gesicht abdeckten und am Hinterkopf fest verschnürt waren.

Er lief weiter in die Stadt hinein. Eine taumelnde Schar Menschen kam ihm entgegen. Sie peitschten ihre nackten Oberkörper. Aus den Striemen, die sie sich beigebracht hatten, trat hier und da schon Blut, und sie summten dazu eine unheimliche Melodie. Frauen drängten sich ganz nahe heran und flüsterten ihm lüsterne Aufforderungen zu. Auf den nackten Armen und entblößten Schultern glänzten Mistkäfer und Skarabäen, die sie offenbar als Schmuck trugen. Überall saßen Bettler, aber jeder von ihnen bekam von den Vorübergehenden statt eines Almosens nur einen Fluch oder einen Fußtritt.

Er betrat eine Schenke. Daß auch hier die Gäste alle Ledermasken trugen, machte ihm Angst. Wenn er zu jemandem hinsah, schlug dieser die Hände vor das Gesicht. Madru hörte, wie er zu weinen begann.

Der Wirt legte Madru ein Stück schimmeliges Brot hin und schenkte ihm ein Glas Wasser ein. Das Wasser war braun und tote Insekten schwammen darin herum. Als die anderen Gäste merkten, daß Madru sich beschweren wollte, brachen sie nur in ein höhnisches Lachen aus. Er würgte das Brot herunter, weil er großen Hunger hatte. Aber er brachte es einfach nicht über sich, das schmutzige Wasser zu trinken.

Zorn kam zu seinem Ekel, als er die anderen lachen hörte, und er nahm das Glas und warf es mit einer wütenden Bewegung zu Boden. Sofort sprangen an allen Tischen Gäste auf. Sie zogen ihre Messer und kamen mit wutverzerrten Gesichtern auf ihn zu. Wohin er auch sah, überall Messerklingen, die sich ihm näherten. Ein Arm schob sich von hinten unter sein Kinn, bog es zurück, und er war sicher, sie würden ihm im nächsten Augenblick die Kehle durchschneiden. Wie sinnlos, dachte er, wozu jemanden töten, da wir doch im Totenland sind. Plötzlich hörte er Schritte von draußen hereinkommen. Der Arm ließ von ihm ab, die Messerklingen zuckten zurück. Scheinbar gleichmütig schlurften seine Angreifer zu ihren Tischen hin. Eine Hand legte sich auf seine Schulter. Vor ihm stand Ase. Er erkannte ihn an der Statur, denn auch sein Gesicht war von einer Maske bedeckt. Er schien von weit her zu kommen.

Ase trug einen Umhang, der schmutzbespritzt war, seine Hände waren schmutzig von der Asche, die in der Luft trieb, über der Achsel hatte er den Lederbeutel, in dem seine Fiedel steckte. Er setzte sich und sagte: »Bestell Wein. Du hast ganz recht: das Wasser ist ungenießbar hier. Aber diese armen Teufel sind es nicht anders gewöhnt.«

»Hast du Geld?« fragte ihn Madru.

»Geld«, lachte Ase, »wer redet von Geld?«

Madru erzählte von dem Mann, den er vor einer Truhe mit Goldstücken hatte knien sehen. Das habe nichts zu bedeuten, erwiderte Ase. »Wenn du hier etwas anderes essen und trinken willst als Brot und fauliges Wasser, mußt du mit etwas anderem bezahlen.«

»Und womit wohl?« fragte Madru gespannt.

»Sie bedienen sich aus deinen Träumen.«

»Wie geht das zu?«

Das könne er ihm in zwei Worten nicht erklären, erwiderte Ase, aber nun brauche er Wein, und er wolle ihn auf seine Rechnung nehmen.

Der Wein und zwei Gläser wurden gebracht und Madru hörte, wie der Wirt Ase etwas ins Ohr flüsterte. »Was war das?« erkundigte sich Madru. »Ich möchte es doch genau wissen, was mein Wein kostet.«

»Die Zahl der Traumaugenblicke, die der Wein und saubere Gläser gekostet haben. Ich trinke selten, aber heute, da du gekommen bist, ist es nötig.«

Sie stießen an. Madru beschäftigte immer noch diese eigenartige Zahlungsweise.

»Laß es gut sein«, sagte Ase abwehrend, »wir haben Wichtigeres zu besprechen. Man muß nur aufpassen, daß man sich nicht um all seine Träume bringt.«

»Und wenn man es tut?

»Kaum jemand, der das aushält. Die meisten gehen dann hin und hängen sich auf. Du wirst unterwegs ja auch schon einiges gesehen haben.«

Sie nahmen jeder noch einmal einen Schluck, und dann erzählte Ase, daß er von Mola komme, die Madru bitte, sie und Alissa so rasch wie möglich aufzusuchen. Es lag etwas Dringliches in dieser Mitteilung.

»Wo sind sie? Und wie komme ich zu ihnen?« fragte Madru.

»Ich werde dich hinbringen«, sagte Ase, »es ist ein langer Weg. Am besten brechen wir gleich auf, wenn wir ausgetrunken haben.« Madru solle sich darauf gefaßt machen, daß sich Alissa sehr verändert habe.

»Freilich«, sagte Madru, »wir sind hier im ...«

»Psst«, sagte Ase, ehe er den Satz beenden konnte und legte den Finger auf die Lippen »merk dir eines, was immer auch geschieht, was du weißt oder was du nicht weißt, du darfst nie den Namen dieses Landes aussprechen, sonst wirst du auf der Stelle zu Staub und zu jener Asche, die überall hier in der Luft weht.«

Als sie ihren Wein getrunken hatten, standen sie auf und machten sich auf den Weg. Draußen standen immer noch die zwei Monde über den Dächern. Sie überquerten einen Platz, da ragten hohe Pfähle auf, an denen oben ein Rad saß. Auf diese Räder geflochten hingen in schrecklich verkrümmter Haltung Männer und Frauen und ein Stöhnen und Wimmern drang von ihnen herab.

»Sollten wir sie nicht losmachen, sie befreien?« fragte Madru leise.

»Du bist verrückt. Wie kannst du noch Mitleid haben? Es verrät sofort, daß du aus einer anderen Welt kommst. Hier . . .«, Ase griff in die Taschen und zog etwas hervor, »besser auch du bindest dir eine Maske vors Gesicht, ehe sie dich dazu zwingen. Wenn dir ihre Gesetze widerstreben, so merken sie es bald. Sie würden dich dann so lange foltern wie diese Armen, die dort aufs Rad geflochten sind, bis dein eigener Wille gebrochen ist.«

»Und wessen Willen gehorcht man hier?«

»Es sind die Herren von den Hohen Türmen«, erklärte Ase, »sie allein tragen keine Maske. Ihr Wille durchdringt alle, die hier leben.«

Ob er das ein Leben nennen wolle, sagte Madru aufsässig. Und wieder hieß Ase ihn schweigen. Es sei nicht gut, allzu lange von den Herren der Hohen Türme zu sprechen. Damit ziehe man ihre Aufmerksamkeit auf sich.

Sie waren unterdessen aus der Stadt hinausgelangt, aufs offene Land. Durch das Licht der beiden Monde, das ineinanderfloß, war es ziemlich hell, und es kam Madru so vor, als gäbe es in diesem Land nur Steine und Sand, als fehle hier jeder Baum, jeder Strauch, jede Blume und jedes Gras. Er wagte es aber nicht, Ase danach zu fragen. Statt dessen sprach er manchmal zu seinem Lehrer von gemeinsamen Erlebnissen in Norrland. Davon aber schien Ase nichts mehr zu wissen. Aber er war erfreut, davon zu hören und ermunterte Madru ausdrücklich, mehr und mehr davon zu erzählen, es schien ihn glücklich zu machen. Plötzlich aber verfinsterten sich die beiden Monde. Ein Donnerschlag war zu hören und Ase sagte: »Sie haben es mitangehört und wir werden bestraft.«

Es war ein Donner, dem kein Blitz vorangegangen war. Nach dem Donner aber war es Madru, als sei eine Fuhre Feldsteine auf seiner Brust ausgeschüttet worden. Das drückte und preßte, und er redete nicht mehr von alten Zeiten zu Ase.

In der Dunkelheit wurde ein Feuerschein sichtbar. Von fern sah es so aus, als ob Feuer einen Berghang hinabbrinne. Madru kam es vor, als seien jetzt auch mehr Aschenflocken in der Luft. Er mußte häufig husten. Die Luft wurde immer heißer. Sie gingen auf die Feuerwelle zu.

»Können wir hier weiter?« fragte Madru ängstlich.

»Wir müssen …«, sagte Ase, »wir wollen uns von diesem Feuer erholen.«

Bald war da nichts mehr als ein Abhang aus schwarzem Gestein, über den das Feuer herabfiel. Madru wollte kehrtmachen aber Ase hielt ihn am Arm fest: »Hiergeblieben!« Die glühende Lava floß um sie herum, rann weiter. Bald standen sie in einem Feuermeer, und die Stelle, auf die sie ihre Füße gesetzt hatten, war die einzige Insel. Ase griff in die Tische und holte eine kleine Dose heraus, reichte sie Madru und hieß ihn, sie mit glühender Lava zu füllen. »Es ist wichtig. du wirst es brauchen. Nur Mut.«

Madru fuhr mit den Fingern in die Lava, schöpfte etwas von der feurigen Masse in die Dose, und zu seiner Verwunderung spürte er keinen Schmerz dabei.

Ase hatte unterdessen seine Fiedel aus der Lederhülle geholt und begann, eine Melodie zu spielen, und je länger er spielte, desto rascher wich die Feuerflut zurück, bis Madru sie endlich wieder den Abhang hinauflaufen sah.

Am nächsten Morgen gingen zwei Sonnen auf, und es wurde unerträglich heiß. Madrus Vermutung, daß es in diesem Land keine Bäume und Blumen gäbe, bestätigte sich. Sie wanderten jetzt durch eine Steinwüste, und es kam Madru vor, als liege da der Schädel einer Katze, eine verbeulte Uhr, der nackte Körper einer Frau, als gäbe es Tore, Türme und Häuser, aber wenn man genau hinsah, waren es nur Steine unterschiedlicher Größe, auf die die Strahlen der beiden Sonnen hinbrannten.

Schon lange trug der Wind ein leises gläsernes Klirren heran. Der Luftzug war heiß und voller Asche. Das Klirren wurde immer lauter und heftiger. Endlich sahen sie einen gläsernen Baum, an dem viele kleine Flaschen hingen, und wenn der Wind die gläsernen Zweige berührte, gab es dieses klirrendklingelnde Geräusch. Der Glasbaum aber stand am Rand einer Senke, in der sich ein Wasserloch befand. Madru wollte hinlaufen und seinen Durst stillen. Im letzten Augenblick, ehe er sich niederbeugte, hielt er inne. Um das Wasserloch ringelte sich ein schuppiger Wurm. Der Wurm riß das Maul auf und Madru starrte in einen Rachen gelblicher Zähne. Sogleich war Ase neben ihm, zog seinen schwarzen Stab aus dem Gürtel und streckte ihn gegen den Wurm aus. Der kroch gemächlich in die Steinwüste hin davon. Madru atmete auf und wollte trinken, aber Ase hielt ihn zurück: »Dieses Naß ist nicht für unsereinen,« sagte er, »es würde auch deinen Durst nicht stillen. Mit ihm kann man Gewitter erregen und ganze Sintfluten von Regen niedergehen lassen. Fülle eine von den kleinen Flaschen, die dort am Baum hängen und nimm sie mit.«

Madru tat, wie ihm geheißen. Der Durst und die Hitze schienen ihm jetzt fast unerträglich.

»Vorwärts«, sagte Ase, als er die kleine Flasche voll Wasser im Ledersack bei seiner Fiedel verwahrt hatte, »wir müssen noch weit. Erinnere dich daran, daß Alissa auf dich wartet.«

Sie zogen weiter durch das Land mit den weißen Steinen, die wie gebleichte Knochen aussahen und kamen an einen Paß. Auf den Abhängen eines Hohlwegs saßen Vögel, große und kleine, dicht an dicht. Sie hockten auch auf dem Weg. Aber sie waren ganz still. Keiner gab einen Laut von sich. Wie die Menschen, hatten auch sie lederne Masken über ihren Gesichtern.

Ase holte einen kleinen Lederbeutel, gab ihn Madru und ließ ihn diesen hoch über seinen Kopf halten. Dann ging Ase ruhig auf die Vögel zu, die vor ihm auf dem Weg hockten, und streckte ihnen seine rechte Hand entgegen, an dessen Mittelfinger ein großer grüner Ring saß, in dessen Stein das Bild eines Falken eingeschnitten war. Da flatterten sofort unter lautem Geschilp und Gezwitscher alle Vögel auf und eine Luftbewegung war von dem Schlag ihrer Flügel zu verspüren.

»Rasch«, rief Ase, »das Säckchen jetzt zugeschnürt!«

Und wenn Madru auch nicht wußte, warum das so sein mußte, tat er doch, was Ase wünschte.

Als sie den Paß überschritten hatten, gerieten sie in eine Aschenwüste, einen Landstrich, in den früher oder später all die Asche geweht wird, die in diesem Land durch die Luft wirbelt. Dort ist es ganz windstill. Es ist eine böse Stille und die Gegend ist völlig eben, ohne Erhebungen oder Vertiefungen im wüsten Gelände. »Hier muß ich dich verlassen«, sagte Ase zu Madru, »drei Elemente habe ich dir verschafft. In der Dose mit dem Feuer, der kleinen Flasche mit dem Wasser und in dem Beutel mit Wind aus Schwingen der Vögel stecken gewaltige Kräfte. Die Herren der Hohen Türme werden aber von dir auch noch eine Krume Erde verlangen, wenn du mit ihnen deinen Handel machst. Sie dir auch noch zu beschaffen, habe ich keine Macht. Aber ich schenke dir zum Abschied meine Fiedel. Vielleicht kannst du mit ihr wettmachen, daß du ihnen keine Krume Erde anzubieten vermagst. Du mußt diese Aschenwüste durchqueren. Dann wirst du zu einer Hütte kommen. Sie liegt im Tal der Verborgenheit. Es steht nur eine einzige Hütte dort. Du kannst sie nicht verfehlen.«

Darauf umarmte er Madru und ging davon in der Richtung, aus der sie gekommen waren.

Madru lief in die Aschenwüste hinein. Böse Gedanken gegen diesen und jenen, den er einmal gekannt hatte, stiegen in ihm auf und es nützte nichts, sich dagegen zu wehren.

Endlich erreichte er eine mit Binsen gedeckte Hütte, und als er anklopfte öffnete ihm Mola. Sie musterte ihn, schüttelte dann den Kopf und sagte: »Warum kommst du so spät? Sie ist verloren. Sie ist nicht zu retten. Und überhaupt, verdammt sollt ihr sein, ihr Männer.«

»Ich bin so rasch gegangen wie ich konnte«, erwiderte Madru, »aber es war ein langer Weg bis hierher.« Die Alte lachte böse, sagte zu sich selbst etwas, das Madru nicht verstand und bot ihm dann einen Schemel an. Sie brachte ihm ein Glas Wasser, und das Wasser war frisch und sauber. Als er nach Alissa fragte, erwiderte die Alte, sie sei ausgegangen.

Er mußte auf dem Schemel eingeschlafen sein, und als er von Geräuschen erwachte, war es Nacht und Alissa kam mit einem Wolfsrudel zurück. Sie kümmerte sich überhaupt nicht um ihn. Es war so, als sähe sie ihn gar nicht. Die Schnauzen der Tiere waren noch blutverschmiert, und Yarduk war der Anführer des Rudels. Er, Alissa und all die anderen Wölfe trugen lederne Masken, und als Madru Alissa begrüßen wollte, sagte sie schroff zu ihm: »Was willst du hier? Ich bin müde von der Jagd. Siehst du nicht, daß du störst? Wer bist du überhaupt und was willst du?«

»Ich bin Madru.«

»Wer ist Madru? Scher dich fort. Ich kenne keinen Madru.«

Und damit streifte sie das Wolfsfell, das sie trug, wie einen Mantel ab. Yarduk aber, der halb Wolf und halb Mensch war, legte seinen Arm um sie und führte sie fort auf sein Lager. Madru hörte die Koseworte, die sie sich zuraunten, das Schmatzen ihrer Küsse. Er war verzweifelt und wie gelähmt. Er wollte weinen, hatte aber keine Tränen.

So schlief er ein, und als er wieder aufwachte, war es abermals spät in der Nacht, und ein Rudel Tiere kam von der Jagd zurück. Diesmal war Alissa ein Wiesel. Sie sah schön aus in dieser Gestalt, aber noch schöner, so ahnte man, wäre sie gewesen, wenn man ihr Gesicht hätte sehen können, das die Maske verdeckte.

Wieder legte Alissa, sobald sie zur Tür herein war, ihr Fell wie einen Mantel ab, und wieder führte sie Yarduk, der diesmal ein Wieselprinz war, auf das Lager und sie liebten sich dort. Madru aber schickte einen Stoßseufzer zu Bru, denn er erinnerte sich, daß sie auch die Herrin über alle wilden Tiere war.

In dieser Nacht strengte sich Madru mit aller Macht an, nicht einzuschlafen. Es wurde ihm so schwer, als habe er eine harte körperliche Arbeit zu verrichten, und am Ende war all seine Anstrengung umsonst. Er schlief traumlos und tief.

Mola weckte ihn gegen Mittag. Sie sagte zu ihm: »Nun hast du ja gesehen, wie es um sie steht. Den Geliebten hat sie mir entfremdet und längst weiß sie mächtigeren Zauber als ich. Sie ist ganz und gar dem Bösen verfallen und doch leidet sie darunter wie alle, denen es so geht wie ihr. Du hast immer noch Macht über sie, auch wenn sie dich scheinbar nicht erkannt hat. Wenn du ihr helfen willst, tust du, was ich dir jetzt sage: In dieser Nacht werden Alissa, Yarduk und die anderen als Aasgeier heimkehren. Die beiden werden aus ihren Federkleidern steigen und wieder zu ihrem Liebeslager gehen. Dann nimm Alissas Federgewand und wirf es in den Kamin. Darauf wird sie sich nicht mehr weiter verwandeln können. Zwing sie, das Kleid aus grobem Leinen, das dort über dem Stuhl hängt, anzuziehen, dann fessele sie mit diesen Ketten, die ich jetzt in deine Hände lege. Draußen vor der Hütte wirst du zwei Esel finden. Setze sie auf den einen, und nimm du den anderen. Die Tiere wissen den Weg.«

»Welchen Weg?« fragte Madru.

»Den Weg zu den Herren der Hohen Türme. Nur sie können dir erlauben, Alissa zurückzuholen in eure Welt … und das willst du doch?«

»Gewiß«, sagte Madru, »ich habe einen Schwur getan, daß ich sie finden und heimbringen werde, wohne sie nun auf einem Stern oder im rotglühenden Innern der Erde. Wo sind wir hier?«

Da legte sie, wie das auch Ase getan hatte, den Finger auf die Lippen und schüttelte den Kopf.

»Dann verrate mir wenigstens, warum hier alle diese Masken tragen«, bat er sie.

»Von mir hast du genug gehört. Ein jeder sagt nur soviel, wie es zu seinem Besten ist.«

»Soll ich dir etwas schenken? Soll ich dich belohnen?« fragte er.

»Nein, nein,« erwiderte sie, »tu nur das, was ich dir gesagt habe. Das ist für mich Gewinn genug. Denn wenn Alissa fort ist, wird sich Yarduk wieder mir zu wenden. Und vergiß nicht deinen Sack mit der Fiedel und den drei Zauberdingen, denn du wirst all das noch brauchen.«

Madru wartete also bis zum nächsten Abend. Das Warten wurde ihm lang, aber immer noch war ein bißchen Hoffnung in ihm, von der er zehrte. Es geschah alles so, wie Mola es ihm schon beschrieben hatte: Diesmal kam Alissa mit Aasgeiern zurück, die gravitätisch in der Hütte herumstolzierten, und auch sie trug ein Federkleid. Kaum aber hatte sie es abgelegt, da warf es Madru in den Kamin. Ein grelles Licht zuckte durch den Raum und die anderen Aasgeier flatterten aufgeregt umher. Madru aber kümmerte sich um all das nicht, sondern hieß Alissa das Kleid aus grobem Leinen anziehen, fesselte sie mit den Ketten, hob sie draußen auf den Esel, stieg auf das andere Tier und ritt davon.

Es ging über Stock und Stein, mal rasch wie der Wind und dann wieder so langsam als ritten sie Schnecken, aber endlich gelangten sie an ein düsteres Schloß, das unter einer hohen Felswand lag. Oben wuchsen, dünn und zerbrechlich, hohe Türme aus Elfenbein in den Himmel, die man selten zu sehen bekam, weil sie meist in den Wolken lagen. Die Türsteher des Schlosses führten Madru und Alissa, die immer noch mit Ketten gefesselt war, in einen großen leeren Saal.

»Ich will zu den Herren der Hohen Türme«, sagte Madru. Da bellten die Türsteher wie Hunde. Das war ihre Art, sich belustigt zu zeigen. Sie erklärten ihm darauf, kein Sterblicher und kein Wesen der Anderswelt habe je den Herren der Hohen Türme von Angesicht zu Angesicht gegenübergestanden, aber ihr Blick reiche überallhin, durchdringe und erfülle alles, und nicht nur ihr Blick, auch ihre Ohren seien allgegenwärtig. Er solle nur sprechen.

»Ihr Herren der Hohen Türme«, sagte Madru, »laßt diese Frau frei. Sie ist meine Geliebte gewesen in einer anderen Welt, und wir sind auf grausame Weise voneinander getrennt worden.« Eine Stimme war zu hören. Sie kam von überallher und von nirgendwo und sagte höhnisch: »So haben wir es gewollt. Und nach unserem Willen drehen sich Welt und Gestirne.«

»Ich bitte Euch, Ihr Herren der Hohen Türme, wenn Ihr so mächtig seid, was kann Euch an einem unscheinbaren, sommersprossigen Wesen liegen?« erwiderte Madru.

»Du liebst es«, kam die Antwort, »Liebende sind unsere ärgsten Feinde. Was gibst du uns, wenn wir das Mädchen mit dir ziehen lassen?«

»Ihr seid doch allmächtig«, antwortete Madru, »was könnte ich Euch schon geben?«

»Du hast allerlei da in deinem Ledersack«, sagte die wie Erz dröhnende Stimme, »unsere Blicke sehen eine Dose mit Feuer, eine kleine Flasche voll Wasser und den Beutel voll Wind. Aber wo ist das Kästchen mit einer Krume Erde?«

»Ein Kästchen mit einer Krume Erde habe ich nicht.«

»Schlecht für dich«, sagte die Stimme, »dann mußt du eine Bedingung erfüllen.«

»Und welche Bedingung wäre das?«

»Du gibst uns die drei Zauberdinge, und wir geben Alissa frei. Aber wir warnen dich, sie anzublicken, bevor ihr unser Land verlassen habt.«

»Was würde geschehen, wenn ich sie ansähe?«

»Du würdest sie verlieren und die Zauberdinge blieben bei uns.«

»Ich bin einverstanden«, sagte Madru, und er hörte, wie die Ketten aufsprangen, mit denen Alissa gefesselt war und zu Boden rasselten.

»Leg deine Maske ab. Schau jetzt nicht mehr zu Alissa hin«, sagte die Stimme, »geh dort durch diese Tür, die dir der Türsteher öffnet.« Madrus Maske fiel zu Boden.

»Aber wie weiß ich, daß Alissa mir tatsächlich folgt?« fragte Madru mißtrauisch.

»Du wirst ihre Hände auf deinen Schultern spüren«, sagte die dröhnende Stimme. Und so geschah es. Er spürte, wie sich Hände auf seine Schultern legten.

»Bist du es, Alissa?« fragte er.

Statt einer Antwort von ihr, kam wieder die Stimme. »Sie weiß nicht, daß du sie liebst. Sie weiß nichts mehr von dem, was in eurer Welt geschah. Sie wird es erst wieder wissen, wenn ihr in der anderen Welt seid. Hier ist sie nichts als unser Werkzeug, wie jeder, dem du begegnet bist.«

Madru sah die Tür. Er griff nach der Fiedel. Er schritt vorsichtig, immer noch die Hände auf seinen Schultern spürend durch die Tür … in einen dunklen Gang hinein. Er ging langsam und unbeirrt voran. Es war völlig dunkel. Die eine Hand hatte er tastend ausgestreckt, in der anderen hielt er das Instrument und den Fiedelbogen. So lief er endlos und das bißchen Hoffnung, das sich in ihm erhalten hatte, schmolz mit der Mühe dahin. Es war so leer und schwarz, kein Geräusch, kein Licht.

Er nahm die Fiedel, und sieh da, er konnte so wunderschön darauf spielen wie Ase, und die Musik ließ es ihm leichter ums Herz werden. Wie von selbst erfanden sich Hunderte von Melodien, und seine Schritte waren nun, da er auch merkte, daß ihnen da nichts im Weg stand, schneller. Dann sah er ein Licht. Erst war es ein Pünktchen, nicht größer als ein Glühwurm. Dann wurde daraus ein Schein, und je größer und heller das Licht am Ende des Ganges wurde, desto schneller konnte er gehen.

Schließlich trennte sie nur noch eine Armlänge von der völligen Helligkeit.

Er ließ die Fiedel sinken. Er wollte einen Arm freibekommen, ihn ausstrecken. Es war ihm, als könne er damit das Licht greifen. »Spiel doch weiter«, hörte er Alissa hinter sich sagen.

Er wollte gehorchen, aber es geschah nicht rasch genug, daß er wieder zu spielen begann. Ein großes Verlangen, Alissa in die Augen zu blicken, sie zu berühren, mit der Hand über ihr Haar und ihre Wangen zu fahren, überkam ihn. Er wandte sich, diesem Verlangen nachgebend, um. Sie stieß einen gellenden, hilfeheischenden Schrei aus. Die Maske rutschte von ihrem Gesicht, als sein Blick auf ihm ruhte. Er sah zerborstene Lippen, Wangen mit Rissen, aus denen Knochen hervortraten, Flecken schwarzer Fäulnis auf der Stirn, aus den Augenhöhlen rann Sand, Spinnweben hingen von einem kahlen Schädel herab.

Sein Angstschrei kam nur als ein dumpfes Stöhnen über seine Lippen. Er warf seinen Körper herum, rannte vor dem Schreckensgesicht davon in die gleißende Helligkeit. Er rannte, Fiedel und Bogen an sich geklammert, immer weiter, zur Hast angetrieben, wenn er an die Fratze dachte, in die er geschaut hatte. Irgendwann bekam er keine Luft mehr und stürzte in hohes Gras.

NEUNZEHNTES KAPITEL

Madru geht bei einem Magier in die Lehre und schließt Freund-
schaft mit der Schwarzen Köchin · Wölfe fliegen durch die Luft
Alwiss ruft den Ritter des Großen Waldes zu Bru

FRAU WELT
APFELBAUM

Als Madru zu sich kam, lag er auf dem Rücken, die Fiedel und den Bogen an sich gepreßt, unter einem Apfelbaum dessen Zweige mit Früchten dicht behängt waren. Wie in einem Traum sah er das Gesicht der Apfelgöttin, die ihm zwischen Blättern, schwarzen Ästen und Früchten hindurch zulächelte. Er blickte an sich herab. Vor seinen Füßen stand ein alter Mann, der ihn beobachtete.

»Salute!« sagte der Mann gelassen und lüpfte seinen Hut, der aus einer Bucheckernkapsel bestand. Er trug einen Umhang, auf dem Maiglockchen und Hundsveilchen appliziert waren. Das Kleidungsstück kam Madru viel unwirklicher vor als das Gesicht der Göttin zwischen den Zweigen des Apfelbaumes.

»Montigorr mein Name …«, stellte sich der Mann vor, »Magier, Mitglied der Zunft von der Goldenen Morgendämmerung.«

»Keine Maske vor dem Gesicht …«, murmelte Madru erleichtert. »was war nur und wo bin ich jetzt?«

»Sphäre Anderswelt!« sagte der Mann, »Region: Grenzmark … in bedrohlicher Nähe zum Reich des Bösen, aus dem sie dich, aus mir noch unerfindlichen Gründen im hohen Bogen rausgeschmissen haben. Offenbar Weibergeschichten wie meistens. Ich bekam den Auftrag, mich deiner ein wenig anzunehmen.«

Die Szene, mit der alles geendet hatte, fiel Madru wieder ein. Allein bei der Erinnerung daran, wurde ihm so übel, daß er die Augen schloß, als könne er so die Schwäche abwehren.

»Heda, mein Bester« sagte Montigorr, »nun mal nicht gleich wieder wegtreten.«

Er ging um Madru herum, pflückte einen Apfel und warf ihn ihm zu. Madru ließ Fiedel und Fiedelbogen los und fing ihn auf. Er biß hinein. Das Fruchtfleisch war fest und saftig. Er fühlte sich auf der Stelle besser. Vielleicht auch ein Zauber, dachte er. Montigorr half ihm auf die Beine.

»Ausgeraubt und reingelegt«, sagte er kopfschüttelnd, als sie nebeneinander durch die blühende Wiese auf ein altes Haus zugingen, »das ist so ihre Art.«

Madru erzählte, was er im Totenreich erlebt hatte. Sie schoben sich durch eine Hecke mit Beerensträuchern, die die Begrenzung zur Wildnis hin bildete.

»Nichts da mit Totenreich«, sagte Montigorr und schwenkte die Hand, »im Reich des Bösen bist du gewesen.«

Madru blieb kopfschüttelnd stehen. Der Gemüsegarten lag hinter ihnen. Montigorr wies auf eine Bank unter einem großen alten Nußbaum. Sie setzten sich.

»Ich bin nicht im Totenreich gewesen?« wiederholte Madru immer noch erstaunt. Die Fiedel und der Bogen, er hatte beides auf den Knien liegen, machten eine merkwürdige Veränderung durch. Als ein Windstoß kam, trug er nichts als eine Handvoll Staub fort.

»Bitte«, sagte Montigorr, »da haben wir's ja!«

»Aber ich habe Ase getroffen, Alissa als Wölfin, als Wiesel und … «

Er stockte.

»Als Geierweibchen«, brachte Montigorr den Satz zu Ende, »alles Lug und Trug. Alles Täuschung. Illusionszauber, über den unsereiner nur die Nase rümpfen kann.«

»Wenn das so ist«, sagte Madru erleichtert, »dann bin ich Alissa in Wirklichkeit gar nicht begegnet. Dann bin ich von einem Schemen genarrt worden.«

»Etwa in der Art wie dieser Herr Hoffmann von jenem so lebensecht wirkenden mechanischen Spielzeug. Natürlich hat auch der Bär zu Anfang seine Hände mit im Spiel gehabt. Er, so habe ich inzwischen in Erfahrung bringen können, ist es gewesen, der deinen Lebensbaum verpflanzt hat. Von der Mauer vor dem Totenreich zur Mauer um das Land des Bösen. Du mußt wissen, es gibt da eine Stelle … und sie liegt gar nicht so weit von hier entfernt, an der stoßen alle drei Reiche zusammen. Gewissermaßen ein Dreiländereck. Andererseits hast du offenbar auch einflußreiche Gönner und Protektoren. Allwiss war hier … teilte mir mit, daß ich dich in der Wiese unter dem Apfelbaum finden würde. Ach, da wäre noch etwas zu erwähnen«, sagte er, »ich habe da eine … wie soll ich sagen … Dienerin, Haushälterin, Köchin … eine Schwarze Köchin eben. Unübertroffen alles, was sie an Speisen auf den Tisch bringt … Eine schwarze Perle gewissermaßen. Aber von allen magischen Experimenten, wie wir sie zusammen machen werden, ist sie strikt ausgeschlossen. Sie kennt keinen einzigen Zauberspruch, weder eine Beschwörung, noch eine Bannung, und ich möchte, daß dies so bleibt. Die Grenzen zwischen Herrschaft und Gesinde sollten scharf gezogen sein. Eine Köchin mag eine ausgezeichnete Köchin sein, eine Schwarze Köchin, sie gehört doch zum Personal. Man muß aufpassen, daß man nicht unter ihren Pantoffel gerät, sonst endet man wie weiland Merlin … festgezaubert von seiner Niniane in einer Weißdornhecke. Verstehen wir uns?«

Madru nickte. Er verstand: Der Alte hatte ihn davor warnen wollen, etwas mit den Dienstboten anzufangen.

Sie betraten das Haus. Montigorr zeigte Madru jedes Zimmer und jede Kammer vom Keller bis unter das Dach. Nur an einer bestimmten Tür ging er etwas rascher vorbei. Es war jene, hinter der die Schwarze Köchin wohnte.

Der größte Raum im Haus war der Zaubersaal. Er hatte gotische Fenster. In einer Ecke standen allerlei alchemistische Apparaturen. Verstreut auf dem Fußboden lagen die verschiedensten Bücher aufgeschlagen. Es gab ein Stehpult, auf dem ein dicker Wälzer lag. Sein Gedächtnis lasse zunehmend nach in letzter Zeit, beklagte sich Montigorr, alles Wichtige müsse er aufschreiben.

Die Wände waren mit Sternkarten und Darstellungen der Planetenbahnen behängt. Aber Madru hatte eine Abneigung gegen Astronomie, obwohl er doch dieser seine Berufung zum Sternensohn verdankte. Er blieb stehen vor einer großen, mit farbigen Kreiden auf die nackte weiße Wand gemalten Darstellung des Lebensbaumes der Kabbala. Als Montigorr merkte, wie sehr ihn diese Zeichnung beschäftigte, setzte er gleich zu einem Vortrag an. Er sprach von der Weltferne Gottes. Verwundert hörte Madru jemand von ganz anderen Göttern reden als denen, die zu verehren man ihn in seiner Kindheit gelehrt hatte. Von der Weltferne Gottes, wie gesagt, sprach Montigorr. Er unternahm einen Exkurs in die Gnosis, berichtete von dem Demiurg, der sich selbst für Gott gehalten habe, von den Arkonen, die er schuf, damit sie ihm hülfen bei seiner Schöpfung. Er stellte sehr anschaulich dar, wie dieser Demiurg nicht die leiseste Ahnung mehr von jener Gottheit gehabt habe, von der er einst abgefallen sei und kennzeichnete das Schicksal des Menschen als deswegen besonders tragisch, weil sich in der Schöpfung eines in einem Irrglauben befangenen Schöpfers vorfinde. Darauf kam er wieder auf die Kabbala zu sprechen, erklärte die Bedeutung der zehn Kreise und zweiundzwanzig Pfade hin über den Heiligen Baum. Der Baum sei die Hoffnung. Wer die Pfade und Wege gehe, steige wie auf einer Leiter zu jenem weltfernen Gott, suche auf dem Grund der Worte nach jenem Wort, mit dem sich die Sicht auf den verborgenen, weltfernen Gott wieder eröffne.

Der Mensch, so faßte er seine Sicht der Dinge noch einmal zusammen, sei ein Gefangener, aber mit Hilfe des Wissens, auch und gerade des geheimen und verborgenen Wissens, sei er in der Lage, seinem Gefängnis zu entkommen … hin zum wahren Ziel aller menschlichen Erkenntnis, zu dem im Licht verborgenen Gott. Bei solch grundsätzlichen Unterweisungen war die Zeit bis zum Abendessen vergangen, und nun sah Madru zum ersten Mal die Schwarze Köchin. Sie hatte tiefschwarze Haut, war hochgewachsen und trug zudem noch eine hochgetürmte Frisur, die in einen kunstvoll geschlungenen Turban aus schöngemustertem Stoff verpackt war. Ihre wulstigen Lippen und ihre großen Augen gaben ihr etwas Träges. Und immer wenn Montigorr gerade einmal nicht hinsah, warf sie Madru einen lächelnden Blick zu, der ihn bis in die kleine Zehe erregte. Was ihre Kochkünste anging, so hatte der Magier nicht übertrieben. Es gab kein Gericht, von ihr gekocht, das nicht ein Wunder gewesen wäre, ein Freudenfeuerwerk, nicht nur zur Füllung des leeren Magens, sondern Tröstung und Lust, also ein Küchlein für die Seele.

Doch die Schwarze Köchin stand nicht nur am Herd und trieb dort ihren Zauber. Sie putzte und scheuerte auch Montigorrs alte Hütte derart, daß immer Glanz in ihr war. Nicht jener fragwürdige Glanz, den ein weiblicher Putz- oder Scheuerteufel zu erzeugen vermag, sondern ein mit Lebendigkeit verbundener Glanz. Sobald die Sonne untergegangen war, hieß Montigorr die Schwarze Köchin in ihre Kammer gehen, die er nicht nur mit dem Schlüssel verschloß, vielmehr sah Madru zufällig einmal, wie der Magier auf die Türschwelle auch noch einen Drudenfuß malte und ein Sprüchlein darüber hin wisperte. Was er denn da mache, fragte er ihn. Ach, erwiderte der Magier, er wolle nur ganz sicher gehen, daß über Nacht die Schwarze Köchin aus ihrem Zimmer weder herauskönne, noch daß jemand in ihre Kammer hineingelange. Die Schwarze Köchin schien nun, bei allem Stolz, der von ihrer Erscheinung ausging, gegenüber Montigorr die Dienstfertigkeit und Unterwürfigkeit in Person. Sie hät-

schelte ihn, war darum besorgt, alle Unannehmlichkeiten des Alltags von ihm fernzu-
halten, damit durch Verstimmungen dieser Herkunft nicht seine Zauberlaune leide.
Auf seine Befehle und Anweisungen gehorchte sie immer ohne jegliche Widerrede, ja,
es schien ihr auch nichts auszumachen, daß er sie Abend für Abend in jene Kammer
einschloß, die sie erst am Morgen wieder verlassen konnte, wenn er den Schlüssel her-
umgedreht und über Fensterbrett und Türschwelle den aufhebenden Zauberspruch
gemurmelt hatte.

Unterdessen war Madru von Montigorr in die Grundlagen der Magie eingeführt
worden, und was er da hörte, nahm seine Aufmerksamkeit ungeteilt in Anspruch. Er
sah die Schwarze Köchin, sah, wie sie ihm immer noch, sofern ihr Herr und Meister
nicht hinschaute, jenes bis in die große Zehe in ihm wirksame Lächeln zuwarf ... und
sah sie auch wieder nicht, weil ihn die Magie in ihren Bann geschlagen hatte. Er wußte
unterdessen, daß es außer der materiellphysikalischen Welt, die die Kabbalisten
»Assiah« nennen, die astrale Welt »Yetzirah« gibt, mit der man als Magier vor allem in
Kontakt zu treten versucht, die Sphäre der Erzengel und anderer spiritueller Wesen-
heiten, »Briah« und endlich die Sphäre des Göttlichen »Atziluth«.

Er hatte gehört, daß man diese Sphären und Welten sich nicht wie eine Folge geo-
logischer Schichtungen übereinanderliegend vorstellen dürfe, sie vielmehr eine Art
Netzwerk seien, sich mit ihren Bezügen gegenseitig durchdringend.

Montigorr rühmte Madrus Begabung, als Geistwesen seine Körperhülle verlassen
zu können und sich dann zu Erkundungsfahrten über die Straßen, Wege und Pfade in
der Astralwelt aufzumachen. Darin erwies sich Madru sogar Montigorr überlegen.
Während ihm jetzt gewisse Erlebnisse in Norrland, wie das Eintreten in die Erle oder
das Aussetzen der Zeit, angesichts seiner neuen Erfahrungen gar nicht mehr so Ungewöhnlich vorkamen, war sein Lehrer begierig, von immer neuen Erlebnissen auf den
Straßen und Wegen in entfernteren Gegenden der Astralwelt durch ihn zu hören.

Nach einiger Zeit machte sich der Magier daran, mit seinem Schüler jenes Ziel zu
erreichen, um dessentwillen Bru wohl ihrem Ritter eine solche Lehre in Magie überhaupt verschrieben hatte. Um es laienhaft auszudrücken: Es ging darum, durch
Beschwörung von Elementargeistern sich in den Besitz von Zaubersprüchen zu setzen,
die eine einmalige Macht über die vier Elemente Feuer, Wasser, Luft und Erde verlei-
hen.

Montigorr hatte Madru geraten, den drei Zauberutensilien, die ihm von den Herren
der Hohen Türme abgeluchst worden waren, nur nicht weiter nachzutrauern. Solch
starke Kräfte in Flaschen, Dosen, Kästen und Beuteln aufzubewahren, sei unpraktisch,
ja gefährlich. Viel klüger sei es dagegen, auf den Wegen des Lebensbaums forschend, zu
jenen Bergen, Wiesen, Wäldern oder Auen vorzustoßen, auf denen die Worte verborgen lägen, die gleiches bewirkten wie diese unhandlichen Zauberutensilien. Außerdem
gewinne man dabei noch eine Einsicht von grundsätzlicherer Bedeutung: daß nämlich
das Wesen der Magie letztlich in der Macht über das einzig richtige Wort bestehe. Wer
es finde, es wisse, sei Herr über den Gegenstand oder das Wesen, das es benenne.

Auf langen, mühsamen Fahrten und Gängen hatte Madru jene Worte aufgefunden,
die es möglich machten, aus heiterem Himmel einen Regenschauer niedergehen, ein

Feuer aufflackern oder einen Wind losblasen zu lassen, ohne mehr zu tun, als sie auszusprechen. (Man wird begreifen, daß diese Zauberworte hier verschwiegen werden, denn, gerieten sie in das Gedächtnis dieser oder jener Menschen, die Unordnung in der Welt würde sich noch vermehren, und sie ist doch ohnehin schon groß genug!) Jene die Elemente Wasser, Luft und Feuer regierenden Worte hatte Madru dadurch aufgefunden, daß er seine Gedanken über die Wege des Lebens wandern ließ. Aber jenes Wort, das Herrschaft über das Element »Erde« gibt – war ihm verborgen geblieben. Er hatte Montigorr, da er dies mit Recht für bedeutsam hielt, auch erzählt, daß jenes Schemen, das Ases Gestalt angenommen hatte, ihm ebenfalls nicht zu der Krume Erde hatte verhelfen können. Er hatte abermals Gedankenreisen unternommen, auf die ihm Montigorr gute Ratschläge mitgegeben hatte. Vergebens. Auch mit Sprüchen, Beschwörungen von Göttern und Geistern, mit Formeln, Ziffern und Figuren kamen sie nicht weiter. Da beschloß Montigorr zu verreisen, um sich bei einem alten Lehrer in dieser Sache Rat zu holen. Madru aber blieb daheim, weil sich noch, während der Meister fort war, eine günstige Konstellation für ein bestimmtes Experiment ergeben sollte, das seine persönliche Anwesenheit im Zaubersaal notwendig machte.

Montigorr war alles andere als ein Dummkopf. Und bei aller Suche nach dem Zauberwort für Erde, hatte er andere höchst irdische Belange keineswegs aus dem Auge verloren. Für die Zeit seiner Abwesenheit, so hatte er Madru erklärt, sei es wohl besser, wenn er, wie sonst nur bei Nacht üblich, die Schwarze Köchin in ihre Kammer einschließe und Schwelle und Fenster magisch versiegele. Madru hatte das ganz in Ordnung gefunden, bei dieser Ankündigung sogar eine gewisse Erleichterung verspürt. Dann war Montigorr aufgebrochen.

Bis das bewußte Experiment beginnen konnte, zu dem er daheim geblieben war, hatte es noch gute Weile. Madru ging unruhig im Haus umher. Eine Beobachtung beschäftigte ihn. Vor einigen Tagen, als er in den Garten hinausgegangen war, um sich etwas zu entspannen, hatte er ein Rudel Wölfe über den Himmel fliegen sehen. Er hatte Montigorr nichts von dieser merkwürdigen Beobachtung gesagt, sondern Aufschluß darüber auf den Wegen im Lebensbaum gesucht, ohne eine Antwort zu finden.

Madrus Unruhe nahm spürbar zu, als er einmal an der Tür vorbeikam, hinter der die Schwarze Köchin mit Riegel und Drudenfuß gesichert gefangen saß. Er horchte. Es war ganz still hinter der Tür. Da! Jetzt meinte er ein unterdrücktes Kichern zu hören.

»He … bist du noch da?« fragte er und dachte daran, wie peinlich es für ihn wäre, wenn sie gerade während der Abwesenheit des Meisters davonliefe.

»Freilich«, sagte ihre warmherzige, dunkle Stimme, »und ich weiß einen, der käme gern hier herein, wenn er es nur vermöchte.«

»Warum sollte er hereinwollen?« fragte Madru neckend.

»Weil er jung ist und nicht alt … weil ihm lange keine Frau mehr ein Liebessüppchen gekocht hat und die, die er liebt, ist weit fort. Aber er kann nicht herein, weil er eben nur den Witz eines Lehrlings hat und nicht den des Meisters selbst.«

»Nun, das ist noch nicht ausgemacht«, rief Madru, »unterdessen weiß ich mindestens so viele Zauberworte wie Montigorr, wenn nicht sogar noch mehr.«

»Dann müßte es ja ein Leichtes sein, die Riegel zu sprengen und die magischen Sperren an Tür und Fenster zu öffnen.«

»Es würde mir gelingen, wenn ich wollte.«

»Aber du willst nicht?« Sie schien enttäuscht.

»Warum sollte ich?«

Er hörte, wie sie drinnen mit dem Fuß aufstampfte und ausrief:

»Bist du so dumm oder stellst du dich so? Seit dem Tag, da du zum ersten Mal an unserem Tisch saßest, habe ich dir durch Blicke wieder und wieder zu verstehen gegeben, daß ich dich gern mag. Gewiß, bis heute hat der zittrige Alte mich und dich immer gut bewacht. Aber nun hat unsere Liebe ihre Chance. Worauf wartest du noch?«

Madru ging fort von der Tür.

Er spürte, wie das Verlangen nach der Schwarzen Köchin von ihm Besitz ergriffen hatte. Es bereitete ihm Genugtuung, sich diesem Verlangen zu widersetzen. Was war schon ein Schäferstündchen verglichen mit den Geheimnissen der Magie, die Montigorr mit ihm geteilt hatte? Aber war die Schwarze Köchin nicht auch eine Zauberin? War es nicht geradezu seine Pflicht, sich in den Zauberkünsten, über die sie gebot, unterweisen zu lassen?

Vertrauen gegen Vertrauen, murmelte Madru vor sich hin, und war wieder entschlossen, standhaft der Versuchung zu widerstehen. Wie lächerlich moralisch, war seine nächste Überlegung. Hatte er nicht sogar Bru sagen hören: wir kommen ohne Moral in dieser Welt ganz gut aus.

Er ging in den Zaubersaal, setzte sich vor den Lebensbaum, um sich so auf andere Gedanken zu bringen. Bei dem 10. Kreis, der Malkuth genannt wird, begann sein Weg. Er sah den Regenbogen und Kallah, die Königin, Braut und Jungfrau. Er stieg auf zu Yesod, worin die tiefsten und stärksten Kräfte der Natur, die Intelligenz und die Einbildungskraft, vereint sind. Er ging weiter zu Tiphareth, was Schönheit heißt. Er verspürte einen starken Sog, dem er sich überließ und kam nicht, wie er erwartet hatte, nach Chokmah, der männlichen Klugheit, sondern nach Binah, dem weiblichen Verstehen, und als er diesen Kreis erreichte, wußte er, daß es das Zeichen war, mit dem Montigorr die Kammer der Schwarzen Köchin verschlossen hatte. Eigentlich nur um sich zu vergewissern, daß er sich in dieser Sicherheit nicht täuschte, ging er vor die Tür der Kammer und fragte: »Bist du noch da, Schwarze Köchin?«

»O ja«, antwortete sie, »noch ist kein anderer gekommen und hat mir die Tür aufgetan. Aber wenn du noch lange zögerst …«

Da kniete er sich nieder und malte das Zeichen Binah auf die Schwelle. Er hörte, wie das Schloß zurücksprang.

»Die Tür ist offen … aber warte noch einen Augenblick« rief die Schwarze Köchin ihm zu.

Es zuckte und zerrte in ihm, aber er wartete.

»Jetzt komm zu mir«, sagte sie.

Er drückte die Klinke herunter und trat ein. Sie saß nackt, die Beine gespreizt, die Arme gegen ihn ausgestreckt, in einem Korbstuhl, der aussah wie ein Thron. Vor dem großen Stuhl lag ein weißbraun geflecktes Ziegenfell.

Einen Augenblick kam ihm der Gedanke von Furcht, daß der Alte sie überraschen könne. Dann wehten seine Kleider davon, und als sie sich umarmten, verbrannte die Furcht in einem lodernden Feuer.

Nachdem sie sich geliebt hatten, lagen sie eine Zeitlang nebeneinander.

»Was wirst du jetzt tun?« fragte er.

»Mir meine Freiheit nehmen«, sagte sie, »nachdem ich lange genug auf sie habe warten müssen.«

Und dann ging ihr Flüstern in eine Sprache über, die er nie gehört hatte. Er dachte: ich muß einen Gegenzauber sprechen. Aber es war so angenehm, sich ihrem Liebeszauber zu überlassen. Schlaf schüttete sich in ihm aus. Dürre Mohnkapseln, die ihre schwarzen Körner verstreuen. Die Schwarze Köchin war fort. Er taumelte suchend nach ihr durch endlose Räume, bis er plötzlich vor den Toren von Malkuth stand, dem Reich Gottes als Menschenwerk, und ein glühendes Eisen auf ihn zufuhr, sich auf seine Stirn senkte und ihm dort etwas einbrannte. Er schrie auf und fuhr hoch, war allein, nackt und schämte sich. Es mußte viel Zeit vergangen sein. Ein Tag und eine Nacht und noch ein Tag vielleicht, überlegte er. Bei seinen Spaziergängen im Lebensbaum hatte er auch ein Empfinden dafür entwickelt, wieviel Zeit in der einen Sphäre verstrich, während er sich in einer anderen befand. War Montigorr noch nicht heimgekehrt? Hatte er vielleicht diese ganze Reise nur als Vorwand benutzt, um die Schwarze Köchin und ihn auf die Probe zu stellen? Hatte er sie geil aus der Ferne auf magische Weise beobachtet, während sie sich liebten? Und wo war die Schwarze Köchin? Ein Schaudern überkam ihn, wenn er an sie dachte. Er kleidete sich an. Er schaute in die Truhe, von der er wußte, daß sie dort ihre Kleider verwahrte. Die Truhe war leer. Da war er sicher, daß sie fort war … fort durch die Welt. Alissa fiel ihm ein und sein Schwur. Es war merkwürdig: er konnte mit diesem Schwur und der Erinnerung an die Umarmungen mit der Schwarzen Köchin gut leben.

Das Haus kam ihm merkwürdig verändert vor. Er wußte nicht, woran es lag. Er traf niemanden, weder Montigorr, noch die Schwarze Köchin. Er betrat den Zaubersaal. Alle Bücher, Retorten und Tiegel waren fort. Dort, wo auf der Wand der Lebensbaum der Kabbala aufgemalt gewesen war, hing jetzt ein hoher ovaler Spiegel mit einem verschnörkelten goldenen Rahmen.

Er hörte ein Räuspern hinter sich und fuhr erschreckt herum, weil er fürchtete, es könne Montigorr sein.

Allwiss stand vor ihm und sah ihn prüfend an.

»Schwaches Gewissen, schlechtes Gewissen«, sagte der Zwerg und wiegte den Kopf.

»Was ist mit Montigorr? Du mußt es mir sagen«, fragte Madru aufgeregt.

»Ich dachte, du würdest mich nach ihr fragen … die alte Gemeinschaft der Männer!«

»Um sie braucht man sich keine Sorgen zu machen«, sagte Madru.

»Wie sie angekündigt hat«, erwiderte Allwiss, »sie hat von ihrer Freiheit gründlich Gebrauch gemacht … die Schwarze Köchin.« Er führte Madru an ein ovales Tischchen, das immer im Zaubersaal gestanden hatte. Rein zur Zierde, wie Madru gemeint hatte. Er war gewohnt, darauf ein seltsam verformtes Glas stehen zu sehen. Das Glas lag zerbrochen am Boden. Ein kleiner schwarzer Kasten stand an seiner Stelle.

»Ja und?« fragte Madru.

»Da hast du den armen Montigorr … ein bißchen Materie in einer black box, wie man das später einmal nennen wird. Natürlich hat sie das Wort, das ihr so verzweifelt suchtet, gewußt. Sie war auch eine Zauberin … eine große Zauberin, was Montigorr sehr wohl bekannt war. Dein Empfinden hat dich nicht betrogen: Er hat sich davongemacht, um euch aus der Ferne zu beobachten. Er war völlig verrückt nach diesem Wort und … man muß es leider so nennen … du warst nichts als sein Werkzeug. Vielleicht wirst du dich ärgern. Denk daran, daß er für seine Intrige teurer bezahlt hat. Er suchte das Wort, daß das Element beherrscht … und jetzt ist er selbst … nun, Erde eben. Aber nicht wegen eurer Konflikte bin ich gekommen. Bru will dich sprechen. Die Frist ist herum. Seit etwa hundert Jahren leben im Großen Wald immer mehr und mehr Menschen. Es haben Veränderungen stattgefunden, die deine Anwesenheit dort erforderlich machen. Aber das wird sie dir selbst sagen. Komm jetzt …«

Er trat vor den Spiegel hin. Das Glas wurde zu einer vibrierenden Flüssigkeit. Er tauchte, die Arme voran, da hinein. Madru tat es ihm nach.

Zwanzigstes Kapitel

*Madru in einer anderen Zeit · Gendarmen vor dem Haus und die
Rote Jule drinnen · Das Tanzvergnügen in Lassekrog · Die schöne Gunilla
Ein Fiedler sieht einem offenen Wagen nach*

DER TOD
EFEU

Es wird erzählt, daß in einem Jahr gegen Ende des 19. Jahrhunderts, um die Zeit, da der Ginster und die Apfelbäume blühten, ein Mann nach Norrland kam und Grund und Boden am Ängratörn erwarb. Der Mann hieß Madru und war noch jung. Es gehörten aber zu diesem Besitz der See und aller Wald an dessen Ufer, drei Meilen nach Westen und vier Meilen nach Norden. Das war ein großes Anwesen. Jedenfalls war es weit mehr Wald, als die meisten Kleinbauern und Tagelöhner, die damals in der Gegend lebten, besaßen. Sie hatten oft nur drei oder vier Kühe im Stall.

Wenn es ein schlechtes Jahr gewesen war, und vielleicht zu allem auch noch ein Esser mehr unter dem Dach, geschah es häufig, daß sie ein oder zwei Tiere verkaufen mußten. Das holte ein solcher Waldbauer kaum je wieder auf, und viele, denen das zu stieß, wanderten aus nach Amerika.

Viele Männer arbeiteten in den Sägewerken in Ljusdal oder als Flößer und Holzfäller auf den großen Einschlägen weiter landeinwärts. Wenn in einer bestimmten Gegend Holz gefällt werden sollte, gab es immer einige Leute, die schnell bereit waren, ihr Land zu verkaufen. Die anderen wurden unter Druck gesetzt. Manchmal wechselten die Waldparzellen für drei Flaschen Branntwein den Besitzer. Trunksucht hätte niemand ein Laster nennen mögen. Es war eine Leidenschaft. An Holz war viel Geld zu verdienen in der Ferne. Damals kam das Wort »Fernwelt« auf.

Und der Große Wald schien endlos Holz herzugeben. Die Frauen blieben daheim. Sie versorgten die Kinder, sahen nach dem Vieh und kümmerten sich um das Heu, das bißchen Hafer, das mager wuchs. Sie gingen in die Betstunden der christlichen Sekten. Aber viele hingen auch noch dem alten Glauben an, gegen den die Prediger wetterten. Wer an Bru und Bri und die Möndin in ihrer dreifachen Gestalt glaubte, der fragte sich im stillen, ob es recht sei, daß der Große Wald abgeholzt wurde. Der Wald, so war überliefert, sei etwas Heiliges, sei eine Macht, eine Kraft. Jetzt wurde er geplündert und ausverkauft. Erst waren die Pelztiere gefangen und abgeschossen worden. Jetzt raubte man sein Holz.

Madru, der neue Herr auf Ängratörn, war ein guter Fiedler. Er spielte auf den Tanzvergnügen in Färila und in den Krügen an der Landstraße nach Norden. Er wanderte mit seiner Fiedel in den Süden zu Fuß bis Järvsö und kam im Osten an die Küste bis Glada Hudik. Das war eine Hafenstadt, in der sich Fabrikanten und Holzkaufleute am Kai prächtige, bunt bemalte Häuser erbaut hatten, die von ihrem Reichtum kündeten.

Es war ungewöhnlich, daß sich ein Mann mit Besitz unter die Fiedler mischte. Fiedler wurde einer, der gewöhnlich nicht mehr besaß als sein Instrument, einen Knappsack und einen wollenen Schlafsack. Darüber wurde von Anfang an gesprochen. Madrus Musik erschien den Leuten zärtlich, wild, einschmeichelnd wie die keines anderen Fiedlers damals. Es kam das Gerücht auf, dieser Madru besitze eine jener Fiedeln, die von einem Nöck besprochen worden sind. Die Melodien habe er womöglich in der Anderswelt gelernt. Vielleicht sei er selbst ein Troll oder ein Feenmann.

Die Leute rätselten auch, wie so einer zu dem vielen Geld gekommen sein mochte, um Ängratörn zu erwerben. Da hatte er gewiß tief in die Tasche greifen müssen. Viel verdiente so ein Fiedler nicht, er mochte noch so gut spielen. Was man ihm zahlte, ging von der Hand in den Mund.

Ungewöhnlich gekleidet kam dieser Madru daher. Leute, die sich mit dererlei auskannten, erklärten, Hosen mit solchem Schnitt, wie er sie trage, spitze Schuhe mit Glöckchen daran und eine Kappe aus rotem Filz seien vor fünfhundert Jahren oder noch längerer Zeit in Norrland einmal Mode gewesen.

Am meisten Verwunderung aber erregte er mit seinen Reden. Er sprach offen und deutlich von der Macht der Bäume, sagte, so dürfe es nicht weitergehen. Der Große Wald sinke dahin. Man treibe nicht ungestraft so wütend Raubbau an der Natur. In dreißig, vierzig Jahren werde es in Norrland vielleicht schon keinen Großen Wald mehr geben. Sie sollten sich gefälligst einmal vorstellen, was das bedeute. Fortgewischt der Duft der Mammutbäume. Kein Grün mehr. Kein Meer von Zweigen, die sich wie Wellen bewegen. Eine Katastrophe unvorstellbaren Ausmaßes sagte er ihnen voraus. In einer Welt ohne Bäume würden die Menschen ersticken müssen. Sie würden keine Luft mehr zum Atmen haben. Heute noch unbekannte Seuchen würden sich ausbreiten. Sie alle würden dann eines qualvollen Todes sterben. Sie ließen ihn reden. Manche nickten. Die meisten hielten ihn für einen komischen Heiligen. Wegen seiner Reden wurde auch nicht ein Klafter Holz weniger eingeschlagen. Warum auch? Es gab doch genug. Unvorstellbar gerade hier, daß es einmal gar keines mehr geben sollte. Und letztlich lebten alle in Norrland vom Wald. Die Holzkaufleute und die Sägewerksbesitzer lebten wie die Maden im Speck. Die Waldbauern und Holzfäller vegetierten mehr als daß sie lebten. Es wäre ihnen noch schlechter gegangen, wenn sie nicht dies und jenes aus dem Wald geholt, eine Parzelle losgeschlagen, ihre Arbeitskraft dafür verkauft hätten, dem Wald sein Holz zu rauben.

Als den Sägewerksbesitzern und den Holzkaufleuten hinterbracht wurde, was Madru predigte, wurden sie unruhig. Die Frage wurde unter ihnen laut, ob man nicht gegen ihn wegen Geschäftsschädigung vorgehen könne. Die Holzkaufleute luden einen Richter, einen Bischof und die Kommandanten der Gendarmerieposten zu sich und berieten mit ihnen. Das Ergebnis war: Laßt ihn reden. Wer hört schon auf ihn? Das erledigt sich von selbst.

Herr Sunderman war der reichste und einflußreichste Geschäftsmann in ganz Norrland. Sunderman lud Madru zu sich und fragte ihn gerade heraus, was er verlange, damit er solche Reden einstelle. Madru erwiderte, seine Überzeugung sei ihm nicht feil. »So, so«, sagte Herr Sunderman interessiert, »Ihr habt also eine Überzeugung. Erklärt sie mir, vielleicht könnt Ihr auch mich überzeugen.«

Madru erzählte, daß das Vorbild zu jeglicher Schönheit sich in der Natur finde und in ihr vor allem bei den Bäumen. Er erzählte von den Wesen, die in den verschiedenen Bäumen wohnen, von dem Wissen, das sie dem mitteilen, den sie nicht fürchten müssen.

Herr Sunderman fand das alles sehr poetisch und fragte, ob Madru nicht in seine Dienste treten wolle, als Fiedler und als Holzschätzer, denn er hatte auch gehört, daß Madru jede Einzelheit über die verschiedenen Gattungen der Bäume wisse und durch die Rinde hindurch einem Baum ansehen könne, ob er gesundes oder krankes Holz habe. Herr Sunderman nannte eine Zahl in neuen Reichstalern, die er monatlich Madru zu zahlen bereit sei. Höflich lehnte Madru ab und ging fort.

Herr Sunderman war nach dem Gespräch mißmutig. Er gehörte zu den Menschen, die bisher in ihrem Leben die Erfahrung gemacht hatten, daß sich mit Geld alles kaufen lasse.

Sunderman war ein Mann um die fünfzig, korpulent, trug immer schwarze oder blaue Anzüge aus feinem englischen Tuch und Hemden mit hochgestellten Kragen, die sein Kinn einrahmten. Er hatte eisgraues, kurzgeschnittenes Haar, aber einen üppigen Backenbart, war Witwer und ging auf Freiersfüßen. Herr Sunderman trank gern Rotspon und hatte einen massigen, hochroten Kopf, so als werde ihn in Kürze der Schlag rühren, doch hatte er sich vorgenommen, mindestens hundert Jahre alt zu werden. An der goldenen Uhrkette, die sich über seinem kolossalen Bauch spannte, hingen drei in Gold gefaßte Wolfszähne ... aus dem Gebiß des letzten Tiers, das in dieser Gegend vor drei Jahren geschossen worden war.

Aus seinen beiden Ehen waren keine Kinder hervorgegangen. Herr Sunderman war entschlossen, noch einen Erben zu zeugen. Sunderman sei der ungekrönte König von

Norrland, sagten die Leute. Ihm gehörten zwei Sägewerke in Ljusdal und an mehreren anderen Betrieben in kleineren Orten war er beteiligt. Herr Sunderman ließ Waldstücke zwischen Fineby und Enskogen aufkaufen. Es gab viele kleine Eigner. Manche wollten es ganz besonders schlau anstellen. Sie warteten noch zu, um den Preis in die Höhe zu treiben. Sie wußten wohl, daß in dieser Gegend ein großer Einschlag geplant war, aber sie stellten sich einfach taub. Ganz zufällig begegneten einem dieser Störrischen drei oder vier angetrunkene Burschen. Die »Schweinehunde«, wie man sie später zu nennen pflegte, stammten, nach ihrer Sprache zu urteilen, nicht aus der näheren Umgebung. Der verkaufsunwillige Waldbesitzer wurde zusammengeschlagen. Danach beeilte er sich, zu verkaufen. Die Nachforschungen der Gendarmerie über die Rowdies verliefen erfolglos.

Madru lebte sparsam, allein von dem, was er als Musikant verdiente, und das war nicht viel. Aber zu fiedeln: das machte ihm Freude. Außerdem besaß er noch einen Beutel mit fünfzig alten Reichstalern, die mehr wert waren als die neuen, weil sie aus fast reinem Gold geprägt worden waren. Den Beutel hatte er zusammen mit dem Bilderspiel, der Wolfspfote, dem Halstuch aus Herbstlaub, einem Bronzemesser, der Fiedel und der Grundbucheintragung über das Anwesen auf dem Küchentisch gefunden, als er das Haus am Ängratörn betrat.

Madru fiedelte Polskas auf den Tanzvergnügen und dachte nicht daran, seine eifernden Reden gegen jene zu unterlassen, die den Großen Wald abholzten. Die Nachfrage nach Holz stieg tagtäglich. Grubenholz für Exporte nach Deutschland und England, Holz für Furniere, Holz für Zündhölzer und Zündholzschachteln. Eine neue Welt schien da in der Ferne zu entstehen, zusammengefügt aus dem Holz, das man dem Großen Wald raubte, aber der schien unerschöpflich.

Hier und da lagen Äcker und Wiesen mitten im Wald, die die Menschen, mehr schlecht als recht, ernährten. Straßen zogen sich durch jenes Gebiet, in dem einst die Kronen des Bannwaldes wie die Wellen eines grünen Meeres gewogt hatten. Die eine Straße führte nach Norden, war gut ausgebaut bis Hennan, die zweite nach Nordwesten endete bei der Kleinstadt Karböle, die dritte gegen Südwesten war bis Los geführt worden. Wege gab es viele. Unvorstellbar war das undurchdringliche Dickicht auf dem Boden des Bannwaldes von damals.

Dennoch lebten hier und da Erinnerungen daran fort. »Der Wald ist heilig.« »Der Wald wird sich an denen rächen, die ihn vernichten.« Manchmal fielen solche Sätze in den Hütten der Waldbauern, wenn sie die Blüten des Fingerhuts gekaut hatten. Die so sprachen, beriefen sich nicht selten auf den Fiedler Madru. »Er hat Wissen«, hieß es. »Er vermag etwas.«

Bei den Zusammenkünften im Gildehaus besprachen die Kaufleute den Eisenbahnbau. Die Strecke sollte über Järvsö nach Ljusdal und von dort nach Hennan führen. Vielleicht auch noch eine Stichbahn nach Glada Hudik. Aber vielleicht auch nicht. Vielleicht mußten die Reeder dort von ihrem hohen Roß herunter, wenn die Stichbahn nicht gebaut wurde. Man rechnete noch.

Madru redete weiterhin für den Großen Wald. Wie er zerstückelt werde. Wie sie um ihn wie um das Kleid eines Königs würfelten. Er nannte den Profit eine Krankheit, an der alle Menschlichkeit verrecke. Dieses Wort hörte die Rote Jule, und sie begann, sich für diesen Menschen zu interessieren. Viele schüttelten über solche Worte auch den Kopf. Sie hätten nichts dagegen gehabt, etwas von den Profiten der Holzkaufleute und Sägereibesitzer in ihren Taschen klimpern zu hören. »Wie kann er sagen, daß das krank macht«, meinte einer, »ich würde prächtig aufblühen. Und einmal in jeder Woche würden wir Fleisch essen.« Die Holzarbeiter waren mausearm. Es gab Zyniker, die erklärten: »Warum überhaupt noch arbeiten? Am Ende verhungern wir so oder so.« Es gab Leute, die schlossen sich in ihre Hütte ein, kippten zwei Flaschen Fusel in sich und zündeten dann ihre Hütte an.

Da war ein Mann gewesen, der hatte versucht, eine Gewerkschaft der Holzarbeiter in der Provinz Norrland zu organisieren. Er war häufig verprügelt und verjagt worden, aber kleine geheime Grüppchen hatte er einzuschwören gewußt, und ein Netz von Kontakten zwischen diesen Grüppchen hatte er geknüpft. Dieser Mann – im Volk hatte er keinen Namen, hieß nur der Agitator – hatte in den sechs Jahren, in denen er sich in der Gegend um Ljusdal aufgehalten und überlebt hatte, Liebschaften mit mehreren Frauen gehabt und von zwei verschiedenen Frauen hatte er einen Sohn und eine Tochter. Der Sohn hatte den Namen Björn erhalten. Das Mädchen hatte die Mutter in einem Anfall von Romantik Julia genannt. Das Kind war in kein Taufbuch eingetragen worden und später riefen es alle Jule und noch später, weil es rote Haare hatte und den Kommunismus predigte, nannten sie sie die Rote Jule. Der Vater war bei einem schaurigen Unfall ums Leben gekommen. Auf einer Holzrutsche waren plötzlich Stämme herabgeschossen, zwei- , dreihundert, ohne Pause. Sie hatten ihn von einem Weg ins Wasser gestoßen. Erst hatten ihm die Geschosse von Stämmen den Schädel eingeschlagen. Dann war der schon tote Mann unter Wasser gedrückt worden. Die Leiche fand man erst im Frühjahr darauf, und viele waren es nicht, die den Agitator vermißten. Aber die aus dem geheimen Netz hingen ihm weiter an. Diesen Leuten hätte man androhen können, ihnen glühendes Blei in die Ohren zu gießen, sie hätten bloß düster gelacht und gesagt: nur zu.

Die beiden Kinder des toten Mannes erwiesen sich als aufsässige Geschöpfe, mager, aber widerstandsfähig. Sie hatten schon bis zu ihrem vierzehnten Lebensjahr beide fünf Jahre im Arbeitshaus verbracht, wo es, wie die Rede geht, immer mehr Prügel gibt als dünne Suppe. Mehrmals waren sie fortgelaufen, bis nach Ljusdal und Färila gekommen, wo sich Leute fanden, die den Vater gekannt hatten und der »Sache« noch treu ergeben waren. Beide waren sie ausgesprochen bildungswütig und hatten viel gelesen. Björn, jähzornig, rasch bereit, zum Messer zu greifen, hatte es immerhin zwei Jahre in einer Druckerlehre ausgehalten. Gerade so lange, bis er soviel von diesem Handwerk verstand, wie zur Herstellung von Fliegenden Blättern und primitiven Zeitungen nötig ist.

Danach bezog er zusammen mit seiner Halbschwester einen Schuppen am Ortsrand von Färila, den sie zugleich auch als Werkstatt benutzten. Eine alte Maschine zum Drucken fanden sie vor, aber keine Lettern für den Satz der Texte. Um die Lettern einer geeigneten Schriftart bezahlen zu können, verdingte sich Björn bei einer kleinen Akzidenzdruckerei, in der er ein Dreivierteljahr blieb. Das Gerücht verbreitete sich, in dieser Zeit habe er nicht etwa das Geld erspart, um die Lettern zu kaufen, sondern diese langsam aber sicher seinem Arbeitgeber entwendet. Wenn er nüchtern war, widersprach Björn diesem Gerücht auf das Entschiedenste, nur um es in trunkenem Zustand prahlerisch lachend zu bestätigen. Was immer die Wahrheit sein mochte: die Rote Jule und Björn brachten von nun an in unregelmäßigen Abständen ein kurioses Blättchen heraus, das sie »Aurora« nannten. Es enthielt Balladen, Klatsch, jeweils eine Belehrung über die wahren Ziele des Sozialismus (die die Rote Jule verfaßte) und bissige Kommentare zu den Ereignissen in den Sägewerken und Holzfällerlagern.

War wieder einmal eine Nummer fertig, so zog Jule landauf, landab, um sie an die Frau oder an den Mann zu bringen. Auf einer ihrer Verkaufswanderungen nun klopfte sie auch bei dem neuen Herrn auf Ängratörn an. Sie kamen miteinander ins Gespräch, redeten über Bäume. Schließlich las Madru ihr eigene Gedichte vor, Sonette auf zweiundzwanzig Bäume und Sträucher, von denen sie sich sofort einige zum Abdruck in der »Aurora« erbat. Sie ihrerseits predigte ihm Marxismus, den sie ihm als eine Wissenschaft darstellte, mit deren Hilfe das Glück aller durch die Diktatur des Proletariats herbeigeführt werden könne. Ihr Gesellschaftsideal umschrieb sie mit einem Satz aus dem Kommunistischen Manifest: »Eine Assoziation, bei der die freie Entwicklung eines jeden die Bedingung für die freie Entfaltung aller« ist.

Als Madru sie fragte, was in dieser von ihr so häufig zitierten Schrift über Bäume gesagt werde, schüttelte sie aufgebracht den Kopf und sagte, mit einer Geduld, die Madru erstaunlich fand:

»Fangen wir noch einmal von vorn an.«

Madru hatte zu diesem Zeitpunkt noch keine Zeile von Karl Marx gelesen. Er wußte nicht, worum in der Großen Französischen Revolution gestritten worden war, und die Präambel zur »Declaration of Independence«, die ihm Jule mit leuchtenden Augen zitierte, kannte er ebensowenig.

»War halten diese Wahrheiten für selbsteinsichtig« ... Sie war eben dabei ihm zu erklären, was unter Mehrwert im einzelnen zu verstehen sei, als drei berittene Gendarmen vom Wald her sich seinem Haus näherten.

Sie sprangen aus dem Sattel. Einer von ihnen hielt die Gäule. Die beiden anderen begehrten Einlaß. Als Madru auf der Schwelle erschien, forderten sie ihn auf, eine Frauensperson, die unter dem Spitznamen »Rote Jule« bekannt sei und sich bei ihm versteckt halte, an sie auszuliefern. Sie drängten ins Haus. Madru stand breit und groß, mit in die Hüften gerammten Armen auf der Schwelle. Er verlangte einen Durchsuchungsbefehl zu sehen. Es stellte sich heraus, daß die Gendarmen ein solches Dokument nicht besaßen. Sie fragten daraufhin, ob Madru bestreiten wolle, daß er die Rote Jule versteckt halte.

»Wieso versteckt halten?« sagte er. »Sie ist mein Gast. Bitte, was liegt gegen sie vor?«

Die Gendarmen hielten ihm eine Anzeige wegen Landstreicherei unter die Nase.

Das müsse wohl ein Irrtum oder eine Verwechslung sein, erklärte Madru. Wie denn von Landstreicherei die Rede sein könne, wo doch die junge Frau ständig bei ihm wohne?

Die Gendarmen wechselten vielsagende Blicke. Madru holte einen aus Norge herübergeschmuggelten Aquavit und schenkte ihnen ein. Er wies sich als Eigentümer von Ängratörn aus, während sie tranken. Er schüttete nach, zeigte seine Steuerquittung und seine Wahlbescheinigung. Einer der Ordnungswächter erinnerte sich nun, ihn auf einem Tanzvergnügen spielen gehört zu haben. Beim dritten Aquavit war die Verbrüderung nahe. Danach ritten die Gendarmen heiter davon. Später an diesem Tag spannen Madru und Jule Pläne, wie man die »Aurora« unter Einsatz von Madrus alten Reichstalern in eine richtige Zeitung umwandeln könne, in ein Sprachrohr der kleinen Leute. Madru dachte daran, in jeder Nummer einen Aufsatz über das Wunder der Bäume zu publizieren. Dafür war er bereit, Jules Grundkurs in Sozialismus hinzunehmen.

Es schien selbstverständlich, daß die Rote Jule über Nacht blieb. Was von der Flasche Aquavit nach dem Gendarmenbesuch noch übrig war, hatten Madru und Jule inzwischen ausgetrunken.

Bei der Vertrautheit, die sich zwischen der jungen Frau und Madru so selbstverständlich eingestellt hatte, wäre es ihm geradezu als Beleidigung erschienen, nicht zu versuchen, mit ihr zu schlafen. So ging er in das Zimmer, wo er für Jule ein Nachtlager gerichtet hatte. Sie aber wies ihn schroff ab. Eine Beschimpfung der Männer ergoß sich über ihn. Er hörte eher belustigt als betroffen zu. Sie schrie, sie mache sich nicht das Geringste aus Männern, werde sich nie etwas aus Männern machen, erzählte von zwei Vergewaltigungen durch Wächter im Arbeitshaus und endete mit der Feststellung, überhaupt seien Frauen zu Frauen viel zärtlicher als Männer. Achselzuckend trat er den Rückzug an.

Madru schlief in dieser Nacht also allein, aber ehe er einschlief, ging ihm allerlei durch den Kopf. Er fand Jule trotz, vielleicht auch wegen der Zurückweisung und ihrer Gefühlsaufwallungen, amüsant und liebenswert. Er stellte sich aus der Erinnerung ihr Gesicht und ihre Frisur vor. Dieser lange, um ihren Körper schlotternde, am Boden schleifende Mantel, den sie angehabt hatte, fiel ihm wieder ein. Er dachte darüber nach, daß ihr rotes Haar von einem ganz anderen Rot war als das kupferrote Haar Alissas. Er sah deutlich die blasse Farbe ihrer Haut ... etwa die Farbe von entrahmter Milch. Er konstatierte, wie mager Jule war, daß sie kaum Hintern habe und vorn flach sei wie ein Bügelbrett. Ich mag sie, dachte er.

Am nächsten Morgen wanderten sie durch den Wald nach Färila. Bei einem Gespräch mit Björn tranken sie zu dritt zwei Flaschen Schnaps aus. Danach war es beschlossene Sache, die »Aurora« als Wochenendblatt erscheinen zu lassen. Madru hatte vorgeschlagen, nun auch eine Lizenz zu kaufen. Björn wurde als Drucker mit einem Monatslohn angestellt.

Für die Lizenz und die Vorauszahlung von vier Monatsgehältern, um die Björn gebeten hatte, weil er voller guter Vorsätze seine Schulden zahlen wollte, ging dann etwa ein Drittel der alten Reichstaler drauf. Madru dankte Bru, daß er das Geld besaß. Er fand im übrigen, er habe es ganz im Sinne seines Auftrags investiert. Die neue »Aurora« erschien in einer Auflage von tausend Exemplaren.

Bis Ende Juli hatten sich die Herstellung und der Vertrieb der Zeitung gut eingespielt. Anregend empfand Madru lange philosophische Gespräche mit Jule, bei denen ihm langsam klar wurde, was er alles über die neue Zeit, in die er geraten war, nicht wußte. Ihr Verhältnis zueinander war kameradschaftlich.

Und dann ereignete sich jener Zwischenfall, der den Herrn Redakteur, wie die Leute in Färila sich Madru nun zu nennen angewöhnten, in einen Zustand weitgehender Unzurechnungsfähigkeit versetzte.

Die »Aurora« war wieder einmal termingerecht am Freitagnachmittag fertig geworden. Während Jule die übliche Tour in Färila und dessen Umgebung selbst übernahm, ging Björn nach Ljusdal hinüber, wo sie bisher noch nie die »Aurora« abzusetzen versucht hatten. Es gab dort eine bürgerliche Tageszeitung. Sie gehörte, wie so manches andere, Sunderman. Es war ein Gang in die Höhle des Löwen, ein Wagnis, daß sie nur deswegen eingingen, weil sie sich ausgerechnet hatten, sofern sie ohne Behinderung in Ljusdal drei- bis vierhundert Exemplare loswurden, konnten sie den Jungen, der bei ihnen in letzter Zeit stundenweise ausgeholfen hatte, fest einstellen.

Madru spielte am Abend auf einem Tanzvergnügen in Lassekrog. Es waren drei Fiedler verpflichtet, die manchmal zusammen aufspielten, dann wieder auch allein auftraten.

Gegen halb zehn, unter den Tanzenden ging es schon lockerer zu, kam ein älterer Mann im Sonntagsgewand mit einem auffällig schönen Mädchen mit weißblondem Haar herein. Sie setzten sich an einen Tisch ziemlich weit entfernt von der Tanzfläche. Nach einer Weile kam es Madru vor, als ob das Mädchen, geradezu darum bittend aufgefordert zu werden, zu ihm hinblickte. Er erkundigte sich bei seinen Kameraden, wer der alte Mann und die Schöne sei und sie sagten ihm, dort in der Ecke, das sei der Torkelmüller mit seiner Tochter, die man die schöne Gunilla nenne. Madru holte das Mädchen, und sie tanzten etwa eine halbe Stunde miteinander. Es war die Leichtigkeit, mit der diese Gunilla tanzte, es war ein gewisser Stolz, der aus ihren braunen Augen leuchtete, es war die Farbe ihres Haares und zum Teufel, was eigentlich sonst noch? … das ihn immer verliebter werden ließ. Die Liebe zu der schönen Gunilla kam über ihn mit der Gewalt eines Föhnsturms. Beim dritten Tanz schon traf er mit dem Mädchen eine Verabredung für den Sonntagnachmittag in Färila.

Er mußte aufhören zu tanzen, weil das Publikum verlangte, er solle wieder spielen. Das war der Fluch des Fiedelns, daß man nie in einem fort tanzen konnte wie andere Burschen. Er machte ihr auch beim Spielen schöne Augen. Etwas in ihrem Blick schien traurig, etwas anderes ermutigte ihn, sie bei der Hand zu nehmen, mit ihr fortzurennen und sie zu küssen, zu küssen, zu küssen.

Nach angemessener Zeit machte er abermals eine Pause und holte die schöne Gunilla wieder zum Tanz. Sie waren beide entflammt und gaben sich nicht die geringste Mühe, es zu verbergen. Manchmal berührten sich ihre Lippen zu flüchtigen Küssen. Manchmal, wenn er sie bei einer Drehung an sich drückte, spürte er die Festigkeit ihrer Brüste. Bis sich plötzlich eine breite Hand dem überraschten Madru schwer auf die Schulter legte. Vor ihm standen feixend zwei junge Burschen, und der eine sagte grob:

»Schluß jetzt. Hört auf.«

Was denn das heißen solle, erkundigte sich Madru. »Frag sie doch, mit wem sie tanzen will … mit dir oder mit mir.« Er wollte keinen Streit.

»Schwer von Begriff, wie?« hieß es. »Sie soll mitkommen … Sunderman schickt nach ihr!«

Der Kerl deutete mit dem Daumen über seine Schulter. Drüben in der Ecke, neben dem alten Mann im Sonntagsstaat erkannte Madru tatsächlich den König von Norrland.

»Er wird warten können, bis dieser Tanz zu Ende ist, wenn er ihr etwas zu sagen hat«, antwortete Madru und wollte wieder Gunillas Hand nehmen. Der erste Schlag traf ihn völlig unerwartet, riß ihm die Füße fort. Mit einem dumpfen Krachen landete er auf den Brettern der Tanzdiele. Er wußte, daß er eine verdammt schlechte Figur machte und rappelte sich hoch. Geradezu mit Wollust sich seiner Wut überlassend, stürzte er auf die beiden Burschen zu, blitzartig erkennend: Das mußten die bewußten »Schweinehunde« sein.

Er traf den, der ihm am nächsten stand, am Kinn, doch wohl nicht gezielt genug. Der Kerl schüttelte sich bloß, zog sein Messer und wollte ihm an die Gurgel.

Die Musik hatte aufgehört zu spielen. Die beiden anderen Fiedler liefen herbei, hielten ihn an beiden Armen fest. Madru sah, wie Sunderman an seinem Tisch beschwichtigend die Hand hob. Es kam ihm so vor, als wäre gegenüber jemand anderem nicht so viel Nachsicht geübt worden. Das machte ihn erst recht wild. Er sah, wie die Schweinehunde Gunilla an den Tisch führten, an dem ihr Vater und Sunderman saßen. Sunderman erhob sich, sagte etwas zu dem Alten, reichte der schönen Gunilla den Arm und führte sie quer über die Tanzfläche zur Tür. Später wußte Madru nicht mehr, wie es dahin gekommen war: Er hatte sich jedenfalls losgerissen, und es war ihm gelungen, seiner Fiedel habhaft zu werden. Er stürzte der Gruppe um Sunderman hinterdrein. Draußen auf der Gasse fing er an, eine wilde Melodie zu spielen. Als könne er wenigstens damit dem Mädchen zu verstehen geben, was er empfand.

Verliebtheit, Scham, Wut! Sie waren unterdessen in den offenen Wagen gestiegen. Die beiden Schweinehunde ritten auf struppigen, wendigen Pferden in einer anderen Richtung davon. Die beiden Männer in dem offenen Wagen führten ein angeregtes Gespräch. Madru sah, wie Sunderman sich vornüberbeugte und der schönen Gunilla die Hand küßte.

Er ließ die Arme sinken. Das Rasseln der Räder über das Basaltpflaster klang ihm höhnisch in den Ohren. Er stand auf der Gasse und kam sich vor wie eine mechanische Puppe, bei der die Feder abgelaufen ist.

Einundzwanzigstes Kapitel

Madru verzögert eine Hochzeit · Die schöne Gunilla
schenkt seinem Feind einen Erben · Der Große Schnee und der Streik
Madru wirft ein Auge auf die Rote Jule

DAS GERICHT
WEISSDORN

Zu dem Rendezvous, das sie beim Tanz in Lassekrog verabredet hatten, erschien Gunilla pünktlich. Sie wirkte befangen und hatte verweinte Augen. Sie sei nur gekommen, um von Madru Abschied zu nehmen, sagte sie rasch. Dann redete sie allerlei, einfach um zu reden, ohne ausdrücken zu können, was sie eigentlich sagen wollte. Sie werde sich gern an diesen Abend erinnern, sagte sie beispielsweise. So leicht und aller Sorgen ledig habe sie in ihrem Leben noch nie getanzt. Jetzt sei sie Sunderman versprochen. Sie werde ihn heiraten.

»Knüppel-aus-dem-Sack« sagte Madru »den Teufel wirst du tun Mädchen. Das lasse ich nicht zu.« Sie sah ihn bestürzt an.

»Du wirst selbstverständlich mich heiraten, wenn es schon eine Heirat sein muß«, sagte er, »alles andere kommt gar nicht in Frage. Willst du dich unglücklich machen?«

»Sieh mich nicht so an«, sagte sie vorwurfsvoll, »wenn du mich so ansiehst wie eben, bin ich wie gelähmt und du könntest mit mir tun, was du willst.«

»Das ist gut. Das ist sehr gut«, sagte Madru und rieb sich lachend die Hände, »ich weiß, was ich mit dir tun will!«

Sie hatten sich auf dem Friedhof verabredet, wie es damals unter jungen Leuten üblich wir, die sich beim Tanz kennengelernt hatten. Die Kirchentür war nicht abgeschlossen. Sie betraten die Kirche und setzten sich auf eine Bank. Madru begann, Gunilla seine Geschichte zu erzählen. Von seiner Liebe zu Alissa, von dem mißglückten Versuch, ins Totenreich einzudringen und wie er dabei genarrt worden war. Auch von der Schwarzen Köchin. Nur von seinem letzten Gespräch mit Bru, nachdem er mit Allwiss durch die Spiegel gegangen war wie durch Wasser, erzählte er ihr nichts. Bru hatte ihm den Auftrag gegeben, in den Großen Wald zurückzukehren. Sie hatte angedeutet, daß die beiden Inschriften auf dem versteinerten Baum einen Sinn hatten. Ihre Worte waren vage gewesen. Er hätte sie genauer fragen sollen. In der Aufregung hatte er nicht den Mut dazu gefunden. Es war ihm auch, als habe sie ihn mit Absicht über vieles im unklaren gelassen.

,,Kannst du dir eine Welt ohne Wald vorstellen, ohne Bäume?« fragte Madru in der Kirche Gunilla.

»Wie kommst du nur darauf«, sagte sie und schüttelte den Kopf, »nein, das wäre eine Welt ohne Schönheit und ohne Hoffnung.«

»Und doch willst du einen Mann heiraten, der den Wald abholzen läßt.«

»So kannst du das doch nicht sehen!«

Er empfand manchmal Furcht, daß das Ende des Waldes näher sei als alle meinten, daß er zu wenig für den Wald gekämpft habe. Für den Wald oder für die Menschen, die in ihm wohnten.

Sie waren aufgestanden und liefen in der Kirche umher. Es war seltsam für Madru dieser Tempel von Menschen, die an einen anderen Gott glaubten, die die Geschichte von der Schöpfung der Welt anders erzählten, die der Frau die Schuld gaben an der Vertreibung aus dem Paradies. Für ihn waren Frauen dem Paradies nahe. In der Liebe war Paradies, im Stillstand der Zeit. In der Vergessenheit. Madru blieb stehen. Er umarmte Gunilla. Sie ließ es geschehen. Seine Hand schob sich unter ihr Kleid. Die Hand suchte ihre Brüste. Sie waren rund und voll. Er küßte Gunilla. Zuerst blieb sie starr und abweisend, erinnerte ihn und sich immer wieder murmelnd daran, daß sie Sunderman versprochen sei. Langsam kam Lebendigkeit über sie. Madrus Angst vor dem Ende der Welt verlor sich. Gunilla erwiderte seine Küsse.

Er ließ plötzlich die Arme sinken und sagte: »Ich liebe dich, Gunilla. Du liebst mich. Was zählt denn sonst?«

Sie nickte, schien überzeugt.

»Ich habe kein Geheimnis vor dir gehabt. Du kennst die Geschichte meines Lebens so gut wie ich sie kenne.«

Das log er. Er dachte wieder an das Gespräch mit Bru, an die Bedeutung der beiden Inschriften. Warum log man so oft in der Liebe? Warum heuchelte man Ehrlichkeit. Aus Angst, dachte er, aus Angst, der Besiegte zu sein und nicht der Sieger.

»Wir sind uns rasch sehr nahe gekommen«, sagte sie. Sie hatte manchmal eine Art geziert zu reden, die ihn zusammenzucken ließ.

»Erzähl mir von dir,« forderte Madru. »Ach was«, sagte Gunilla.

Er ließ nicht locker. Da redete sie.

Der Vater war ein wohlhabender Mann gewesen. Die Mühle stand unten im Süden am Bodasjön, wo mehr Getreide wuchs. Als die Mutter starb, sei der Vater ein anderer Mensch geworden. Der Teufel habe ihm die Lust am Spielen eingegeben. Er habe sein gesamtes Vermögen verspielt. Dann habe er sich von Sunderman Geld leihen müssen. Gewöhnlich schicke Sunderman um die Zinsen kassieren zu lassen jene beiden Burschen vorbei, die man die »Schweinehunde« nenne. Neulich aber sei er einmal selbst gekommen. Der Vater und er hätten Kaffee und Branntwein getrunken in der guten Stube. Als sie das Tablett hereingetragen, die Kaffeekanne und die Flasche hingestellt habe, habe Sunderman sie mit so einem Blick gemustert, der durch die Kleider gegangen sei. Später habe der Vater zu ihr gesagt, sie habe ihr Glück gemacht, Sunderman wolle sie zur Frau.

»Und du fügst dich drein, an ihn verkauft zu werden, ohne daß man dich fragt?« erkundigte sich Madru.

»Was soll ich tun? Heirate ich ihn nicht, läßt er die Mühle versteigern und der Vater und ich kommen ins Armenhaus. So sieht's aus. Liebe … «, sagte sie, »wer sagt, daß unser Leben mit Liebe angefüllt sein muß? Daß wir uns trennen müssen, wird schmerzen. Alles andere … es läßt sich ertragen.« Sie sähe so viele Ärgeres ertragen. Madru unterbrach sie, er habe da eine andere Parole: »Alles aus Liebe, sonst geht die Welt unter.«

Sie schüttelte den Kopf. Das möge er wahr machen können, aber nicht sie. Sie habe sich dreingefunden in die Heirat mit Sunderman. Es müsse laufen, wie es nun einmal bestimmt sei. Gekommen sei sie nur, um Madru noch einmal zu sehen, um sich zu vergewissern, daß sie ihn immer noch stark und ausschließlich liebe, so, wie sie es bei dem Tanzvergnügen empfunden habe. Dessen sei sie sich jetzt gewiß. Darum wolle sie auch Madru etwas schenken, was doch – ihre Stimme bekam einen spöttischen Tonfall – in den Augen der Leute soviel wert sei ... ihre Jungfernschaft. Eben darum solle sie auch Sunderman nicht bekommen, mit dem alles ein Handel um Geld sei, sondern er, den sie liebe und dem sie vertraue. Madru müsse nur versprechen, sie nach dieser Liebesnacht nie wieder zu sehen und auch nichts zu unternehmen, um die Heirat mit Sunderman zu behindern oder zu hintertreiben. Auch er solle sich in das, was nun einmal ihr Schicksal sei, schicken, wie sie sich dreingeschickt habe.

Madru war verblüfft, meinte, er träume einen verrückten Traum. Dann sagte er sich, daß dieser Plan ihrem Stolz entsprungen sein müsse. Er begann sich zu freuen und zu hoffen, diese Liebesnacht werde sie stark aneinander binden. Er nahm sie also mit in die Baracke, in der sie die Zeitung druckten. Dort gab es einen Verschlag mit einem Bett, in dem er schlief, wenn er in Färila war. Er nahm Gunilla ihre Jungfernschaft, damit sie Sunderman nicht bekam, wie es ihm manchmal durch den Kopf ging, als sie sich liebten. Sie blieben die ganze Nacht zusammen. Gegen Morgen aber, Gunilla und er waren eingeschlafen, kam die Rote Jule zurück und überraschte sie, wie sie, einander umarmend, im Bett lagen. »Laßt euch nicht stören«, sagte sie mit Wut in der Stimme und so, als habe Madru sie mit Gunilla betrogen. Später tranken sie zu dritt Kaffee. Madru spürte Jules Eifersucht. Er spürte, daß Jule ihn liebte, daß sie ein Recht auf ihn geltend machte. Er wäre ohne diesen Zwischenfall nicht darauf gekommen. Es verwirrte ihn. Er zuckte die Achseln. Pech für sie. Er sah nur Gunilla. Er lieh sich am Vormittag ein Pferd und einen Wagen und fuhr Gunilla nach Hause. Während der ganzen Fahrt über versuchte er ihr auszureden, Sunderman zu heiraten. Sie sagte einmal: »Ich bin entschlossen!« Danach schwieg sie.

Nachdem er lange auf sie eingeredet hatte, erinnerte sie ihn daran, daß er ihr habe versprechen müssen, die Eheschließung mit Sunderman nicht zu verhindern. Vielleicht habe er das gesagt, antwortete er, er könne sich schon jetzt kaum daran erinnern, jedenfalls sei es nicht sein Ernst gewesen. Darauf gerieten sie in einen heftigen Streit. Er sei nicht ernsthaft und nicht aufrichtig, hielt sie ihm vor. Wenn sie das gewußt hätte! Ob er ihr vielleicht ihre Jungfernschaft zurückgeben solle oder ob sie in klingender Münze Schadenersatz verlange, höhnte er. Endlich hieß sie ihn anhalten und bestand darauf, den Rest des Weges zu Fuß zu gehen. So schieden sie in Streit nach ihrer Nacht der Liebe.

Drei Tage später war es Björn, der Madru erzählte, das Aufgebot für die Hochzeit von Sunderman mit Gunilla hänge aus, und in Ljusdal erzähle man sich, eine Hochzeit solle es werden, wie sie die Provinz noch nie erlebt habe.

Madru saß auf der Kante jenes Bettes, in dem er Gunilla geliebt hatte und soff

Branntwein. Er arbeitete nicht. Er sprach nicht. Er brütete in der Trunkenheit vor sich hin. Hin und wieder beschimpfte ihn die Rote Jule, er hätschele seinen Liebeskummer und benehme sich gerade so, als ob noch nie jemandem außer ihm der Schatz fortgeschnappt worden sei von einem anderen. Er antwortete mit Bedacht, um sie zu kränken, bei all dem könne eine wie sie, die sich aus Männern nichts mache, überhaupt nicht mitreden.

Madru schrieb an Gunilla lange Briefe. Um die nächste Nummer der »Aurora« durfte sich Jule allein kümmern. Auch Björn war ausgefallen. Madru und Björn tranken zusammen Branntwein. Madru wurde und wurde nicht betrunken. Björn stürzte schließlich besinnungslos zu Boden. Jule schaffte für drei und fluchte über die Männer. Über den bewußtlosen Björn, der da auf den Dielen hingestreckt lag, schüttete sie einen Eimer Wasser. Auch das brachte ihn nicht wieder auf die Beine. Sie zog ihn zu dem Verschlag, in dem sein Bett stand. Dann holte sie den Jungen, damit er ihr beim Drucken zur Hand gehe.

Madru saß auf der Bettkante und sah mit einem verrückten Lächeln zu.

Die Briefe an Gunilla schickte Madru mit einem Boten in die Mühle. Brief um Brief brachte der Invalide ungeöffnet wieder zurück. Schließlich sagte er: »Herr Redakteur, es ist wirklich zwecklos. Ihr müßt Euch damit abfinden, daß diese Frau von Euch nichts wissen will.«

Madru lief nach Ljusdal und ließ sich bei Sunderman melden. Der empfing ihn höflich, etwas amüsiert. Er trank englischen Brandy mit ihm. Madru sagte plötzlich, als sie schon mehrere Brandies gekippt hatten, Sunderman werde eine Frau heiraten, die ihn nicht liebe.

Sunderman lachte. »Sie schätzt mein Geld und achtet mich«, sagte er, »das ist auch etwas. Daß sie nicht unschuldig in die Ehe geht, und daß sie mit Euch geschlafen hat, ist mir bekannt. Keine üble Wahl. Ich kann darüber hinwegsehen. Ich brauche eine Frau, die mir einen männlichen Erben schenkt. Manns genug, um ein Kind in ihren Schoß zu pflanzen, bin ich noch. Vielleicht werden es auch zwei oder drei. Sie sieht aus wie eine Kuh, die rasch trächtig wird und leicht wirft. Habe ich recht, Herr Redakteur?«

Madru sprang auf. Er schrie Sunderman ins Gesicht, er wolle sich mit ihm duellieren.

»Aber ich nicht mit Euch«, sagte Sunderman lachend, »ein Duell mit einem Fiedler, einem Tintenkleckser … das ist doch lächerlich. Da wir gerade miteinander reden: Die Artikel, die da in Eurem Blättchen erscheinen, gefallen mir nicht. Was aus der Feder der Roten Jule kommt, ist Schwachsinn. Sozialistische Agitation. Damit lockt man hier in der Gegend keinen Hund hinter dem Ofen hervor. Aber Euer Geschmier … diese Verherrlichung der Bäume … Bäume seien wichtiger als Menschen. Daß es ungehörig ist, wäre das eine. Es ist aber auch unchristlich. Es bestätigt den heidnischen Aberglauben dieser Waldmenschen, bestärkt sie in ihrer lächerlichen Angst, die Welt würde untergehen wenn es diesen Wald nicht mehr gäbe. Macht nur so weiter… und ich hetze Euch die Kirchenbehörde auf den Hals. Ich habe schon mit dem Bischof gesprochen. Er ist ganz meiner Meinung. Und wagt es noch einmal, Euren schmierigen Wisch hier vor meiner Haustür in Ljusdal austragen zu lassen, wie das neulich dieser Kretin versucht hat. Ich habe ihm gehörig das Fell gerben lassen. Das war es, was ich Euch schon längst sagen wollte. Ich hatte die Ehre mit dem Herrn Redakteur. Dort ist die Tür!«

Madru kam mißmutig und knurrig aus Färila zurück. Jule begann sich um ihn Sorgen zu machen. Er trank zwar nicht mehr, aber er aß auch nichts. Einmal fuhr sie ihm mit der Hand über die Wange:

»Nun iß doch!«

Er schüttelte sich und sagte finster: »Laß mich.«

Er schien etwas auszubrüten. Eine Teufelei. Eine Tollheit. Es waren noch drei Tage bis zum Termin der Hochzeit. Madru saß in seinem Verschlag und starrte vor sich hin. Manchmal, in den Nächten, wenn er nicht schlafen konnte, ging er auf und ab und murmelte Unverständliches. Was keiner ahnte, war, daß er jenen Spruch murmelte, der ihm einmalige Macht über das Element Wasser gab. Er lockte Regenwolken an. Er war selbst gespannt, ob er es schaffen werde.

Der Hochzeitstag war da. Punkt neun Uhr trat Madru ins Freie, vor die Baracke. Es war ein sonniger Sommermorgen und sah nicht nach Regen aus.

Genau zu dieser Zeit sollte sich von Sundermans Villa in Ljusdal aus der Hochzeitszug mit den Kutschen und offenen Wagen zur Kirche in Bewegung setzen. Der Himmel verfinsterte sich so überraschend, wie das noch nie zuvor jemand erlebt hatte. Es begann zu donnern und zu blitzen. Dann ging aus den dräuenden, schwefelgelbgrauschwarzen Wolken eine wahre Sintflut auf den Ort nieder. Die Hochzeitsgesellschaft machte sofort wieder kehrt. Man zog sich in die Villa zurück, um abzuwarten, bis das Schlimmste vorbei war. Es sind später über die Ereignisse viele übertriebene Erzählungen verbreitet worden. Es gab einen Moritatensänger, der darüber ein Lied verfaßte und sich eine Schautafel malen ließ, die heute im Heimatmuseum der Provinz Norrland in Glada Hudik betrachtet werden kann. Fast gleichzeitig mit dem Gewitter, und nicht erst als Folge der mit ihm verbundenen Niederschläge, wie später häufig behauptet worden ist, um den Ereignissen den Anstrich von Wahrscheinlichkeit und Übereinstimmung mit den Naturgesetzen zu geben, trat der Fluß über seine Ufer. Die Brücke wurde fortgerissen. Im Nu hatten sich Straßen und Gassen der Stadt in Ströme und Bäche verwandelt. Vor Sonnenuntergang konnte niemand sein Haus wieder verlassen. Die Keller liefen voll. In vielen Straßenzügen mußten auch die zu ebener Erde liegenden Räume geräumt werden.

Auch der Hochzeitsgesellschaft in der Villa Sunderman blieb nichts anderes übrig, als sich in den ersten Stock zu flüchten. Schon zu Mittag war klar, daß man gut daran tun werde, die Trauung in der Kirche zu verschieben. Man hätte mit Kähnen hinfahren müssen, was Sunderman lächerlich fand.

Am Morgen des anderen Tages, als die Nachricht von der verschobenen Hochzeit nach Färila gelangte, sah Jule wie Madru selbstgefällig lächelte. Als sie ihn fragte, was ihn so belustige, erwiderte er, es freue ihn, daß Sundermans Hochzeit im wahrsten Sinn des Wortes ins Wasser gefallen sei.

»Sei nicht so kindisch«, schalt ihn Jule, »ob er nun heute oder morgen heiratet. Was soll's. Einmal wird er Gunilla mit kirchlichem Segen zur Frau nehmen. Du wirst ihn bestimmt nicht daran hindern.«

»Warten wir's ab«, sagte Madru trotzig, » … noch gibt es Wind und Feuer.«

Jule machte eine geringschätzige Handbewegung wie gegenüber einem Narren, mit dem man nicht streiten will.

Als aber genau eine Woche später die Wagen des Hochzeitszuges wieder vorgefahren waren, als Bräutigam und Braut, Brautjungfern und die anderen Hochzeitsgäste eben aufbrechen wollten, erhob sich ein so scharfer Wind, der sich bald zu einem Sturm und schließlich zu einem Orkan steigerte, daß sie abermals kehrt machen und im Haus Schutz suchen mußten. Ganze Bäume wurden entwurzelt, Dächer abgehoben, ein Pferd von einem herabstürzenden Ast erschlagen. Der Wind jagte mit unverminderter Gewalt durch die Stadt, bis die Sonne hinter dem Horizont versank. Langsam gaben die von Regen und Wind verhinderten Hochzeiten des Herrn Sunderman den Leuten zu denken. Spottverse und Witze liefen in der Provinz um. Der Bräutigam kümmerte sich einen Dreck darum. Die Braut sah immer starrer und trauriger drein. Sunderman äußerte leichthin, aller guten Dinge seien drei. Um nicht mehr über die Straße zu müssen und dabei den Launen des Wetters ausgesetzt zu sein, bestellte er nun den Segensmann zu sich, unter das eigene Dach. Er hatte ein Zimmer als Kapelle ausstatten und weihen lassen und aus diesem Anlaß eine bedeutende Stiftung für das Städtische Siechenhaus gemacht. Mit dem Geistlichen hatte er vereinbart, die Trauung solle gleich nach einem Festessen am frühen Nachmittag vollzogen werden. Danach wollte das Paar mit unbekanntem Ziel zu seiner Hochzeitsreise aufbrechen. Der Pfarrer hatte Skrupel gehabt … wegen des Banketts vor der Trauung. Der rechten Sitte und Gebräuchlichkeit nach, hätte man's umgekehrt halten müssen.

Aber die für das Siechenhaus gestiftete Summe war fünfstellig. Somit durfte der edle Spender erwarten, daß man auf seine Sonderwünsche Rücksicht nahm.

Diesmal schien alles gut zu gehen. Man setzte sich zu Tisch. Draußen war idyllisches Sommerwetter. Kein Windchen regte sich. Es war eine lange Tafel, an der vierzig Personen Platz genommen hatten. Der Portwein war schon getrunken, die Suppe war schon geschöpft, da stürzten wie von Geisterhand bewegt die drei silbernen Leuchter mit jeweils sechs, bis dahin ruhig brennenden Kerzen, plötzlich um. Zunächst geriet die Tischdecke in Brand, und zwar derart rasch und gründlich, daß man des Feuers auch dann nicht Herr wurde, als man sich entschloß, einen Eimer mit Wasser über dem Tisch auszuleeren. Die Gäste hasteten, angesichts einer wahren Flammenwand, die bis zur Decke reichte, aus dem Saal auf den Flur. Später, als die Hiobsbotschaft kam, auch die Gardinen, die Seidenbezüge der Stühle und das Sofa stünden in hellen Flammen, flüchteten sie weiter in den Garten und auf die Straße. Innerhalb einer halben Stunde brannte die Sunderman'sche Villa bis auf die Grundmauern nieder, ohne daß man der Ljusdaler Feuerwehr hätte mangelndes Pflichtbewußtsein vorwerfen können. Sunderman aber, entschlossen diesmal zu heiraten, komme was wolle, hatte schon die Braut und deren Dienerin zum Schlag einer bereitstehenden Kutsche geleitet, sich selbst auf den Bock geschwungen und den vier Pferden, die vorgespannt waren, die Peitsche gegeben. Er fuhr in einem Strich bis Glada Hudik, das er am späten Abend erreichte. Dort ließ er sich mit den beiden Frauen sofort zu einer Fregatte hinüberrudern, die im Hafen vor Anker lag. Mit dem Kapitän des Schiffes, einem Engländer aus Bristol, war er seit Jahren befreundet. Sunderman hatte ohnehin an Bord dieses Schiffes seine Hochzeitsreise nach England antreten wollen. Jetzt bat er den Kapitän zunächst, von seinem Sonderrecht, an Bord eine Trauung vorzunehmen, Gebrauch zu machen. Die Mitternacht sah Sunderman und Gunilla in einer Kajüte unter einem Laken ehelich vereint. Ob die Frau den Sunderman'schen Erben gewissermaßen mit abgewandtem Gesicht oder, nach all den Aufregungen und Verhinderungen, nun freudig die damit verbundene Lust genießend, empfing, wird nicht vermeldet. Allein, daß sie empfing, ist sicher. Es wurde Spätherbst, ehe das Ehepaar das noch Paris und Venedig besucht hatte, nach Ljusdal zurückkehrte und in ein neues Haus einzog, das Sunderman inzwischen, nach aus England übermittelten Plänen, hatte bauen lassen.

Die Nachricht, daß Gunilla schwanger war, wurde Madru bald darauf zugetragen und schmerzte ihn. Er erinnerte sich an seine Liebesnacht mit ihr, sah den Feind an seiner Stelle und Wut stieg rot vom Hals bis in sein Gesicht.

Das Kind kam im Frühjahr zur Welt, ziemlich genau auf den Tag neun Monate nach jener dreimal verhinderten und schließlich doch noch gefeierten Hochzeit. Als Sunderman gemeldet wurde, daß Gunilla ihm einen Sohn geboren habe, ließ er aus einem kleinen Mörser, der extra zu diesem Zweck angeschafft worden war und heute ebenfalls im Heimatmuseum steht, zwölf Schüsse abfeuern, die Leute mit scharfen Ohren, aber wohl auch dank der günstigen Windverhältnisse, welche an diesem Tag herrschten, bis Färila hörten. Auch Madru hörte sie.

An seine Verrücktheit im letzten Sommer dachte er unter Kopfschütteln. Scham empfand er darüber, daß er seine kostbaren Gaben, die einmalige Macht über Wasser, Luft und Feuer, aus Liebestollheit und persönlicher Rachsucht so leichtsinnig vertan hatte. Er fürchtete, Bru werde ihn eines Tages noch deswegen zur Rechenschaft ziehen.

Im übrigen war er zufrieden. Die kleinen Leute hatten einiges erreicht.

Alles hatte mit einem wütenden Schneesturm begonnen, der in der ersten Dezemberwoche aus Osten losgebrochen war und dann über dreißig Tage hin an Heftigkeit nicht nachließ. Tiefer drinnen im Großen Wald waren alle Wege unpassierbar geworden. Auf dem Fluß versperrte Packeis den Flößern den Weg. Anfang Januar schien sich das Wetter zu bessern. Es gab ein paar wärmere Tage, doch bald setzte der Schneefall abermals ein, dicht und heftig, unheimlich, weil der Schnee eine so bläuliche Färbung hatte. Kein Holz kam auf den Schneisen, von Gespannen geschleift, herab, noch kam welches über den Fluß. Drei Wochen konnte kein Holz eingeschlagen werden. Die Sägen standen still. Die Männer kehrten von den großen Einschlägen zurück, verkrochen sich mißmutig in den Hütten bei ihren Frauen und Kindern. Sie brachten kaum Geld heim. Diese drei Wochen waren die schwersten seit Jahr und Tag. Viele kleine Kinder und ältere Leute starben an Hunger.

Die »Aurora« erschien während der Zeit des Blauen Schnees, wie diese Periode später genannt wurde, ohne Unterbrechung jeden Freitag. Trotz der miserablen Wegverhältnisse gelang es der einen Frau und den drei Männern, die von ihnen geschriebene und gedruckte Zeitung auch auszutragen. Die »Aurora« wurde in diesen drei Wochen kostenlos abgegeben. Madrus Vorrat an alten Reichstalern schmolz dahin. Das Leben der vier Menschen in der »Aurora«Baracke unterschied sich kaum von dem der Bauern und arbeitslosen Waldarbeiter. Sie hatten wenig zu essen. Schnaps zu kaufen, daran war nicht zu denken. Es war lange draußen dunkel. Die fallenden Schneeflocken leuchteten gedämpft bläulich. Schwerfällig ging die Arbeit von der Hand. Die »Aurora« war die einzige Unterhaltung, der einzige Zuspruch, der zu den Hungernden und zur Untätigkeit Verurteilten kam. In der »Aurora« stand, was sie dachten, empfanden, grummelten, fluchten, was sie ohnmächtig hinnehmen mußten.

Durch die »Aurora« erfuhren sie, daß der Lohn pro hundert Hölzer, sobald die Sägen wieder liefen, auf 32 Öre herabgesetzt werden solle. Das war eine Lohnsenkung um genau 10%. Sie wurde damit begründet, daß die Sägewerksbesitzer ihre Verluste in diesem ungewöhnlich schneereichen Winters irgendwie wettmachen müßten. In der »Aurora« stand auf der Titelseite in zehn Zentimeter großen Lettern nur ein Wort auf grauem Papier:

STREIK! Im Leitartikel auf Seite zwei hieß es, daß man so oder so verrecken könne – arbeitend für einen Hungerlohn in Unterwürfigkeit oder streikend erhobenen Hauptes, mit Aussicht auf eine Veränderung.

Bald kam es noch schlimmer. Die Sägewerksbesitzer forderten Militär aus dem Süden an, um den Streik brechen zu lassen. Nach zwei Tagen, als einige Soldaten Verwandte besucht hatten, weigerten sie sich, gewisse Befehle auszuführen. Auch die Offiziere waren von dem Ausmaß des Elends und der Zahl der Hungertoten, die unbegraben liegengeblieben waren, beeindruckt. Sie riskierten manche Befehle erst gar nicht mehr. Dann lud Sunderman sie zu einem Punsch in sein neues Haus ein.

Am nächsten Morgen wurde bekannt, die Sägewerksbesitzer erklärten sich zu einer Pauschalzahlung für die Zeit der Arbeitsruhe durch höhere Gewalt und zur Beibehaltung der alten Lohnsätze bereit. Madru, der mit den Streikführern sprach, riet ihnen, sich im übrigen mit der Gründung einer »Arbeitervereinigung« zufriedenzugeben. »Gewerkschaft« war das Reizwort.

Die Verhandlungen gerieten ins Stocken. Die Arbeiter und Holzfäller baten Madru, allein mit Sunderman zu verhandeln. Die alten Feinde an einem Tisch? »Wie sollte ich mit ihm zu einer Verständigung kommen, wenn ihr es nicht geschafft habt?« fragte Madru. Sie hatten zwei Argumente: »Er haßt dich. Du kannst besser reden als wir.«

»Und ich habe freie Hand?« fragte sie Madru. »Das hast du.«

Sunderman ließ Brandy auftragen, als sie sich gegenübersaßen. Madru rührte das Glas nicht an.

»Was ist denn, Herr Redakteur?«, fragte Sunderman, nachdem er sein Glas mit einem Schluck ausgetrunken hatte.

»Schluckt die Kröte ›Arbeitervereinigung‹, und ich schlucke Euren Branntwein. Wo nicht, kann ich nicht dafür garantieren, daß es nicht heute noch zu Plünderungen kommt. Die Leute wissen, in welchen Läden noch Lebensmittel lagern. Ob Soldaten auf Frauen schießen, die stehlen gehen, damit ihnen das letzte Kind nicht auch noch stirbt, müßt Ihr wissen.«

Sunderman überlegte. Der Erbe war noch nicht geboren.

»Also meinetwegen, Herr Redakteur«, sagte er darauf, »man ist kein Unmensch«, er sah Madru scharf an, »auch wenn man immer wieder dafür gehalten wird. Ich stimme der Gründung einer Arbeitervereinigung zu. «

»Gegründet ist sie schon«, erwiderte Madru, »Ihr werdet in Zukunft mit ihr die Löhne aushandeln müssen.«

Sunderman sagte nichts. Er schenkte sich wieder ein. Sie kippten beide den Branntwein. Madru bekam weiche Knie von dem einen Glas, mit dem die Zustimmung begossen wurde.

Die Arbeitervereinigung hieß »Aurora« wie die Zeitung. Für die Zeitung konnten sie nun wieder Geld nehmen.

Als Madru im Sommer zurückdachte an den Winter, fiel ihm ein bestimmter Freitagabend wieder ein. Björn war mit dem Jungen nach Ljusdal hinübergegangen, wo sie jetzt auch Zeitungen kauften. Es war immer noch sicherer, man ging zu zweit. Sunderman hatte seine »Schweinehunde« zwar an die Kette gelegt, aber es war schwer zu sagen, wie lange der Frieden dauern würde.

Jule stand mit der neuen Ausgabe der »Aurora« in der Hand am Packtisch Madru gegenüber. Sie überflog noch einmal die einzelnen Artikel. Ihr Gesicht war härter und schmaler geworden in den letzten Monaten. Madru fiel die gelbliche Hautfarbe auf. Er sah in ihre groß aufgerissenen, erstaunt und respektlos in die Welt blickenden Augen. Das unordentliche Haar. Eine Schlampe, dachte er, eine ausgezehrte, abgearbeitete Schlampe. Er dachte auch an Alissa, an das Mädchen Melancholia, an die Schwarze Köchin und die schöne Gunilla. Es war ein quälendes Gefühl, so lange ohne Frau zu sein.

Jule mußte aufgefallen sein, daß er sie gemustert hatte … verglichen mit den anderen Frauen. Vielleicht wußte sie auch das. Sie ließ das Zeitungsblatt sinken, lächelte und fragte: »Was issn? Du siehst mir ein Loch in den Bauch … und da hab ich schon zwei.«

»Du siehst müde aus … fertig.«

»Na, Kunststück bei der Maloche.« Er überlegte wieder.

»Schade«, sage er, »daß du dir sogar nichts aus Männern machst.«

»Wer sagt das?«

»Hast du selbst mal gesagt. Gleich am ersten Tag unserer Bekanntschaft, wenn ich dich daran erinnern darf.«

»Hab ick bloß jesacht, um dich abzuschrecken«, antwortete sie, »hab damit erreicht, was ich wollte.«

Wie immer, wenn sie erschöpft war, schlug der Dialekt bei ihr stärker durch.

»Frauen sind zu Frauen viel zärtlicher«, sagte er böse.

»Stimmt ja auch … meine Erfahrung im Arbeitshaus. Von den Männern fühltest du dich immer getreten und benutzt.«

Nun war der Dialekt fort. Merkwürdig. Er sah sie scharf an. Sie hielt seinem Blick stand.

»Ich glaub dir nicht, daß du nur Spaß daran hast, es mit Frauen zu tun.«

»Käme auf den Versuch an«, sagte sie grinsend. »Im Augenblick würde es mir gut tun, es mit irgend jemandem zu tun … und sei es mit einem Wolf.«

ZWEIUNDZWANZIGSTES KAPITEL

Pferdefleischaffäre · Madru wird ein Sohn geboren, den er Alder nennt
Auf der Flucht vor den Gendarmen rettet der Sternensohn eine Nebelfrau
Ein letztes Gespräch mit Allwiss

Wieder ist Sommer im großen Wald. Der fünfte Sommer nach dem Winter mit dem Blauen Schnee. So rechnen in dieser Gegend die Leute. Die Dampfsägen singen auf den Holzplätzen am Fluß. Äxte picken dumpf und unermüdlich auf den großen Einschlägen, tiefer im Großen Wald. Dreitausend Waldarbeiter stehen bei der Sunderman-Aktiengesellschaft auf den Lohnlisten. Und man baut neue Baracken im Wald, neue Baracken bei den Sägewerken. Im nächsten Jahr könnten es viertausend, vielleicht sogar sechstausend Waldarbeiter sein. Die Nachfrage nach Holz ist in den letzten drei Jahren ständig weiter gestiegen. Vor allem Eichen für Grubenstempel, Eisenbahnschwellen und Möbel erzielen hohe Preise. In bestimmten Gegenden des Großen Waldes hat man nur die Eichen geraubt und die übrigen Holzbestände an kleine Köhler verkauft. Auch die Nachfrage nach Zeitungspapier hat in den beiden letzten Jahren zugenommen. Ein informierter Planet. Das kann noch zehn, fünfzehn Jahre so weitergehen. Danach? Keine Ahnung. Höher im Norden ist Eisenerz gefunden worden. Man sollte jetzt schon dort investieren. Ist der Große Wald in zehn, fünfzehn Jahren abgeholzt, kann man die Arbeiter nach Norden schicken. Können froh sein, daß sie wieder in Lohn kommen. Ärgerlich ist lediglich jenes im Parlament schon eingebrachte Gesetz, das dem, der kahlschlägt – und nur lohnen sich für ein großes Unternehmen – zur Auflage macht, auch wieder aufzuforsten. Man wird seine Verabschiedung hinauszögern können. Es dürfte gelingen, einige besonders unangenehme Bestimmungen noch herauszuoperieren. Ganz zu verhindern wird es nicht sein. Sunderman hat inzwischen zwei Erben: Erik und Gunnar. Die Leute sprechen immer noch vom König von Norrland. Aber so ganz stimmt das nicht. Dies ist keine Zeit der Könige mehr. Fast alles gehört jetzt der Aktiengesellschaft, die seinen Namen trägt. Man hat ihm den Titel Kommerzienrat verliehen, und er hat einen Sitz im Aufsichtsrat. Die Aktienmehrheit hält er nicht. Der Firmenname der Aktiengesellschaft prangt auf fast allen Dingen: auf den Holzstämmen, die im Fluß treiben, auf den Lattenzäunen um die Sägewerke, auf den Schornsteinen der Dampfbarkassen, die jetzt die Holzflöße schleppen und im Winter selbst vereiste Floßrinnen aufbrechen können. Die Warenhäuser, die in den Kleinstädten entstanden sind, gehören ihr, die Banken; beteiligt ist sie an den beiden bürgerlichen Zeitungen, die nun in Ljusdal und Järvsö erscheinen.

In Färila behauptete sich weiterhin die »Aurora«. Aber wie lange noch? Man sieht in Färila nun viele schmucke Holzhäuser, die Bretter mennigrot bemalt, auf dem Dach blauer Schiefer, Fensterrahmen sahnigweiß. Sie sollen leuchten, im Sommer mit der Sonne um die Wette, im Winter durch das bedrückende Grau der Nächte, die in den Tag hineinreichen. Die »Aurora« residiert immer noch in der alten Baracke, die mittlerweile aussieht, als werde sie beim nächsten Sturm davongeweht werden. Die Auflageziffern der »Aurora« sind in den letzten zwei Jahren stark zurückgegangen. Die »Aurora« hat längst nicht mehr die Bedeutung für die öffentlichen Meinung, die ihr kurz vor und während des Streiks im Winter des Blauen Schnees zukam. Sie ist eine lästige Mücke. Dennoch gibt es in den Kontoren der Aktiengesellschaft nicht wenige Leute, die es gern sähen, wenn das Insekt endlich auf einem Fliegenleimpapier kleben bliebe.

Aus der »Arbeitervereinigung« ist unterdessen die »Vereinigte Gewerkschaft der Holzfäller und Sägearbeiter« geworden. Fast jeder der kleinen Leute ist Mitglied. Es sind geschulte Berufsfunktionäre aus dem Süden heraufgeschickt worden, die das Heft in die Hand genommen haben. Gut und schön. Die Gewerkschaft unterhält jetzt ein Büro in Ljusdal. Was sein muß, muß sein. Die Funktionäre erledigen alles. Sie verhandeln mit der Aktiengesellschaft, sie erklären den Arbeitern, wie sie die Dinge zu sehen haben. Und so, wie sie sagen, daß man sie zu sehen hätte, hat man sie auch zu sehen. Wegen der Solidarität. Beispielsweise können die Funktionäre einem erklären, warum die Gewerkschaft zum Aufforstungsgesetz vorerst schweigt. Das sieht nämlich so aus, Kollegen. Jetzt ist Boom. Heute und in den nächsten fünf, sechs Jahren läßt sich an Lohnerhöhungen für euch noch einiges herausholen. Erfolge in den Lohnverhandlungen – das heißt mehr Mitglieder, heißt noch mehr Macht, noch mehr Druck … das kommt euch allen zugute. Wenn nun das Aufforstungsgesetz im Reichstag angenommen wird – und es wird angenommen werden –, entstehen der Aktiengesellschaft enorm hohe Kosten. Lohnerhöhungen könnt ihr dann für die nächsten Jahre vergessen. Also, laßt euch sagen: grundsätzlich und prinzipiell sind wir für das Aufforstungsgesetz; es gibt nur eben Gründe, das nicht an die große Glocke zu hängen.

Was Madru an der Politik der »Vereinigten Gewerkschaft« mißfällt, ist solche Taktiererei. Auch, daß jeder, der sich nicht strikt an die gewerkschaftliche Sprachregelung hält, gleich immer zu hören bekommt: also das ginge nicht: Solidarität!

Madru nimmt sich die Freiheit, hin und wieder sich auch seine eigenen Gedanken zu machen, am Lack zu kratzen, wider den Stachel zu löcken. Für die Gewerkschaftsfunktionäre ist er ein anarchistischer Querkopf, ein Naturschutzheini, und wenn die »Aurora« einginge, auch sie würden dem Blättchen keine Träne nachweinen.

Neulich hat ihn einer gefragt, was er eigentlich dagegen hätte, wenn aus dem bescheidenen Wohlstand der letzten Jahre ein satter Wohlstand würde. Blöde Frage. Das ist nicht der Punkt. Er ist kein Armutsapostel. Aber er kann sich auch nicht an ihrem Fortschrittsglauben besaufen. Und vor allem verteidigt er den Großen Wald. Das begreifen sie nun schon gar nicht. Herrliche Zeiten. Jeden Tag tut es einen Ruck, und man kommt damit dem Zustand näher, wo es keinen Streit, keinen Hunger, keine Krankheiten, keine schwere Arbeit und vielleicht auch keinen Großen Wald mehr geben wird.

Auch sonst hat sich einiges verändert. Der Hafen von Glada Hudik ist so gut wie tot, seitdem die Eisenbahnstrecke bis hinauf nach Hennan geführt worden ist. Sunderman hat in Glada Hudik, wo er jetzt auch wohnt, anläßlich der Geburt seines Erben, einen Bau gestiftet, die Nachbildung einer norwegischen Stabkirche. Er hat seine Frau und seine beiden Kinder kürzlich in Öl malen lassen. In Ljusdal gibt es einen Aussichtsturm, der an jenes hölzerne Zelt erinnert, in dem Madru die Zeit vor seiner Inthronisierung verbracht hat, nur daß dieser Aussichtsturm drei- bis viermal so hoch ist wie jene Hütte damals vor mehr als tausend Jahren. Madru ist einmal dort hinaufgestiegen. Ljusdal nimmt sich immer noch wie ein Fliegenklecks aus, winzig mit den angrenzenden Wiesen, im Vergleich zu den Wäldern, die sich in drei Himmelsrichtungen bis zum Horizont ausdehnen. Der Wald ist noch immer ein Großer Wald. Das hat Madru wieder Mut gemacht, auch wenn man von dort oben das gewaltige Ausmaß der Einschläge hat noch besser erkennen können.

Madru besitzt ein Motorrad, auf dem fährt er zweimal in der Woche von Färila nach Ängratörn. Die Rote Jule ist jetzt ständig draußen in Ängratörn. Sie ist schwanger. Es ist nicht mehr lange hin bis zur Niederkunft. Wieder eine Frau, die ein Kind von ihm trägt. Madru verfällt, seit er von Jules Schwangerschaft weiß, immer wieder ins Grübeln. Das Massaker in der Großen Halle steht ihm plötzlich wieder deutlich vor Augen. Es fällt ihm ein, daß der Stein mit der Inschrift vom Feuer nicht vernichtet worden sein wird. Er verwendet viel Zeit darauf, ihn zu suchen und findet ihn auch schließlich. Niemand will die Bedeutung des Steins mit den Runen darauf anerkennen. Die Wissenschaftler sagen, es gäbe Hunderte solcher Steine. Die Schrift sei nicht zu entziffern. Ein Dialekt früher Stämme. Madru liest ihnen die beiden Sprüche vor. Sie glauben ihm kein Wort. Der Stadtrat von Färila lehnt es ab, den heidnischen Stein vor der Kirche des Heiligen Olaf als Wahrzeichen des Ortes aufstellen zu lassen.

Madru läßt den Stein nach Ängratörn bringen und ihn zwischen Wohnhaus und Saunahütte legen. Er erzählt Jule die Geschichte des Steines, erklärt ihr, sie müßten sie dem Kind weitererzählen, das sie zur Welt bringen wird. Jule zuckt die Achsel. Ein Märchen. »Du Träumer«, sagte sie. Sie streiten sich. Sie schlägt ihm vor, er solle sie heiraten. »Du willst doch, daß das Kind deinen Namen trägt«, sagt sie. Nicht in der Kirche. Man kann unterdessen eine Ehe auch ohne den Segen der Kirche schließen. Er stimmt zu. Vor dem Reichsvertreter, wie der Beamte des Staates heißt, geben sie sich ihr Ja-Wort.

Kurz darauf tötet Björn volltrunken in einer Messerstecherei bei einem Tanzvergnügen den Verlobten eines Mädchens, in das er sich verliebt hat und flieht über die Grenze.

Die Nachricht von Pferdefleisch, in dem es vor Maden nur so wimmelt, wird Madru zugetragen. Er trifft sich mit einem Mann, der Fotografien von dem verdorbenen Fleisch, das angeblich in der Kantine eines der großen Sägewerke auf den Tisch kommt, für eine beträchtliche Summe zum Kauf anbietet. Die Auflage der »Aurora« ist weiter zurückgegangen. Die Fotografien wären eine Sensation. Man sieht darauf die Maden nur so krabbeln. Freunde warnen Madru, reden von der Möglichkeit einer Fälschung. Er kauft die Fotos. Er druckt sie in der »Aurora« ab. Die Rechtsanwälte der

Aktiengesellschaft, der auch die Kantine gehört, erwirken beim Amtsgericht eine einstweilige Verfügung. Eine Nummer nicht ausliefern zu können, ware für Madru ein schwerer Schlag. Er geht zu dem besten Anwalt in Ljusdal, will die einstweilige Verfügung anfechten lassen. Der Rechtsanwalt lehnt es ab, den Fall zu übernehmen. Entgegen dem Gerichtsbeschluß liefert Madru die Nummer mit den PferdefleischFotografien aus. Die Polizei beschlagnahmt Exemplare der Zeitung. Drei Zeitungsjungen werden vorübergehend festgenommen. In einem der beiden Blätter, an denen die Aktiengesellschaft beteiligt ist, erscheint ein Artikel, in dem der Fotograf erklärt, er habe die Fotos nach Zahlung von dreißig alten Reichstalern retuschiert. Diese dreißig alten Reichstaler sind genau der Preis, den der Fotograf von Madru verlangt hat. Es trifft zu, daß von Retuschen gesprochen worden ist. Nun aber wird der Eindruck erweckt, als seien so die Würmer überhaupt erst hineinpraktiziert worden. Die Aktiengesellschaft läßt in derselben Nummer dieses Blattes eine eidesstattliche Versicherung ihres Kantinenverwalters veröffentlichen, es sei nie Pferdefleisch überhaupt auch nur eingekauft worden.

Madru gelingt es, einen Transportarbeiter aufzutreiben, der bereit ist, auszusagen, er habe Pferdehälften aus Eisenbahnwaggons entladen, sie in die Vorratsschuppen der Kantine getragen. Einige Tage vor der Hauptverhandlung wird dieser Mann auf einem Rangiergleis zwischen zwei Güterwaggons zermalmt. Ein bedauerlicher Unfall. In der Hauptverhandlung wird Madru wegen Mißachtung der gegen seine Zeitung erlassenen einstweiligen Verfügung, wegen Bestechung, Betruges, Irreführung der Öffentlichkeit zu einer Gefängnisstrafe von drei Monaten und einer erheblichen Geldbuße verurteilt. Er verliert außerdem die Lizenz, die man zur Herausgabe einer Zeitung in Norrland braucht.

Als er von der Verhandlung zurückkommt, findet er die Tür zur Baracke schon versiegelt. Er schlägt eine Fensterscheibe ein, legt drinnen Feuer, und noch während er dies tut, begreift er nicht, warum er das tut. Er fährt mit seinem Motorrad nach Ängratörn, wo Jule in den Wehen liegt. Während der Brand in der Baracke nicht gelöscht werden kann, sind die Gendarmen ihm auf den Fersen mit Haftbefehlen und der Order, von ihren Schußwaffen Gebrauch zu machen, falls er sich der Festnahme widersetzen sollte. Er geht unruhig in Ängratörn auf dem Strand auf und ab. Von drinnen hört er den ersten Schrei des Neugeborenen. Er geht ins Haus. Die Hebamme zeigt ihm seinen Sohn. Er beugt sich über Jule, küßt sie. Sie fragt, wie die Verhandlung ausgegangen sei. Er antwortet nur: »Ins Gefängnis lasse ich mich nicht sperren.«

»Geh nur … hau ab«, sagt sie.

»Erzähl dem Kind von dem Stein und was die beiden Inschriften bedeuten«, bittet er sie wieder.

»Dein Märchen«, sagt sie mit einem Lächeln.

»Es ist nicht nur ein Märchen, glaub mir«, mahnt er.

»Vielleicht kommst du durch nach Norge«, sagt sie, »ich wette, Björn fährt unter anderem Namen auf einem Robbenfänger.«

»Massenweise Tiere totschlagen«, überlegt Madru laut, »ob ich das fertig brächte …

nein, du, ich komme wieder. Der Kampf hier ist noch nicht vorbei. Ich habe Fehler gemacht. Ich habe mich in dieser Zeit noch nie so ganz zurechtgefunden.«

»Ein paarmal haben wir es ihnen ganz schön gezeigt«, sagt Jule lachend.

Die Hebamme kommt und fragt, welchen Namen das Kind bekommen solle.

Da muß er nicht lange überlegen. »Alder«, sagt er.

»Ein merkwürdiger Name«, findet die Hebamme.

»Der Name eines Baumes, ein Name aus alter Zeit«, sagte er, »er bedeutet ›Erle‹.«

Jemand ruft: »Die Gendarmen kommen!«

»Fort mit dir«, sagt die Rote Jule, der man das Kind an die Brust gelegt hat.

»Was auf dem Stein steht...«, erinnert er sie, nimmt seine Fiedel und ist aus dem Haus.

Diesmal sind die Gendarmen nicht auf Pferden, wie damals, sondern auf Fahrrädern gekommen. Sie schieben ihre Drahtesel durch den Wald. Sie kommen aus der Richtung, wo der hohe Baum mit den Trittästen steht. Den Baum gibt es immer noch. Sie sehen ganz lustig aus mit ihren Fahrrädern und ihren bunten Röcken. Als sie Madru erkennen, rufen sie ihn an, lassen die Fahrräder fallen, greifen nach den Karabinern, die sie umgehängt haben. Sie laden durch. Sehr rasch sind sie nicht. Dann schiebt sich zwischen ihn und sie eine Nebelwand. Nicht einmal das Haus ist vom Strand aus noch zu erkennen.

»Nicht so eilig«, hört er eine vertraute Stimme sagen. Es ist Peg. »Sieh an!« Für solch plötzliche Nebeleinbrüche, selbst im Sommer, sei Ängratörn geradezu berühmt, erklärt sie. »Diesmal bin ich allein gekommen. Aber du kannst ganz beruhigt sein, daß die Suppe dick genug ist. Küßchen?« Wie kann er ihr das abschlagen, da sie sich doch solche Mühe gemacht hat. »Ohne Befehl von Bru«, läßt sie ihn wissen, »ganz und gar in eigener Verantwortung.«

»Und Jenny Grünzahn?« erkundigt er sich. »Hat einen Freier mit auf dem Zimmer...!«

Es fallen Schüsse.

»Das wollen wir doch sehen«, sagt Peg, die noch rundlicher geworden ist, »ob dich treffen, Darling. Eher schießen sie sich selbst in den Hintern. Wir haben gut und gern Zeit für einen zärtlichen Abschied.«

Madru streckt schon den einen Arm aus. In dem anderen hält er die Fiedel. Wie immer fällt es ihm schwer, nein zu sagen, und bei Peg steht er in einer doppelten Schuld. Da sieht er Allwiss aus dem Nebel hervortreten. Der packt ihn gebieterisch am anderen Arm und reißt ihn zurück.

»Faßt man es«, sagt Aliwiss, »Geilheit und Hurerei gehören zu dieser und jener Welt wie das Amen in der Kirche und die Wand aus Kristall. Aber was zuviel ist, das ist zuviel.« Er macht eine bannende Bewegung, murmelt einige Worte und die Gestalt der Frau wird zu Nebel.

»Für solche Gelegenheiten haben wir immer noch ein Sprüchlein parat«, sagt Allwiss, »schamloses Frauenzimmer!«

Sie gehen zu dem Ruderboot. Allwiss fordert ihn auf, einzusteigen, dann schiebt er das Boot vom Strand ab. Geschickt springt Allwiss, der Zwerg, mit einem Satz, mit dem er in zwanzig Jahren noch einen Weltrekord brechen würde, ins Boot und nimmt die Ruder. Vom Ufer her hört man Kommandos und Rufe, die eine gewisse Verwirrung erkennen lassen.

»Ich wette, jetzt versucht sie es bei den Gendarmen. Kräftige Burschen sind es ja«, sagt Allwiss.

Madru hat die Fiedel neben sich auf das Sitzbrett gelegt. Er schlägt die Hände vors Gesicht. Es ist ihm elend.

»Verspielt, alles verspielt«, sagt er zwischen den Fingern hindurch wie durch Gitterstäbe.

Allwiss läßt sich Zeit mit der Antwort. Schließlich ist er es, der rudern muß.

»Das sehen wir nicht so«, sagt er schließlich. »Und was soll ich tun?« fragt Madru.

»Ohne Hast ausschreiten, wenn wir am anderen Ufer sind«, antwortet Allwiss, »durch den Wald zum Paß in den Westbergen, über den seinerzeit so unerwartet Lausbart eingefallen ist.«

»Und weiter?«

»Nach Norge ... dich in der Welt umsehen. Bru gibt dir Urlaub.«

»Und der Große Wald ... soll niemand mehr über ihn wachen?«

»Wie du die Macht über die drei Elemente verspielt hast«, sagt Allwiss und zieht die Ruder gut durch, »das war ausgesprochen töricht. Wir halten dir drüben zugute, daß in der neuen Zeit alles viel schwieriger geworden ist. Die Frage war: sollten wir an dir festhalten oder einen neuen Ritter wählen. Die Meinungen waren geteilt. Deine Fürsprecherinnen haben sich durchgesetzt. Man faßte den Beschluß, du solltest Gelegenheit erhalten, dich in der Fernwelt umzuschauen. Außerdem hast du ja neuerdings einen Sohn. Wir haben da auch ein wenig nachgeholfen. Die Art und Weise, wie Jule dich zuerst sah und später ... du begreifst, wir haben da Möglichkeiten. Und du kannst sicher sein, Jule wird ihrem Herzenssohn Alder schon davon erzählen, was es mit den beiden Sprüchen auf sich hat.«

»Der Große Wald«, sagte Madru nachdenklich. Er erinnert sich an das, was Gunilla zu ihm gesagt hatte, als sie in der Kirchenbank nebeneinander saßen. Eine Bank, die schmal und hart war. Eine Welt ohne Wald, eine Welt ohne Bäume, das wäre eine Welt ohne Hoffnung und ohne Freude.

»So oder so ähnlich«, bestätigt Allwiss, der keine Probleme damit hat, Madrus Gedanken zu lesen. »Sei gewiß, wenn es in nächster Zeit ... ich meine, ehe du zurück bist ... ernstliche Schwierigkeiten gäbe, könnten wir uns auch ohne deine Mithilfe etwas in der Art des Blauen Schnees einfallen lassen. Du und Alder ... ihr seid gewissermaßen unsere Asse im Ärmel. Es ist Brus Wille, daß ihr beide auf sehr verschiedene Art Erfahrungen in der Fernwelt sammelt ... für Zeiten, in denen die Gefahren subtilerer Art sein werden. «

»Mein Bilderspiel!« erinnert sich Madru, und es sieht aus, als wolle er sich aus dem Boot stürzen. Das Boot schwankt.

»Sachte, sachte«, ruft Allwiss, »etwas mußt du doch Alder auch vererben. Übrigens geht es ihm gut. Er nuckelt immer noch an den Brüsten seiner Mutter und fühlt sich wie im Paradies. Wir haben das widerliche Geräusch der Schüsse, die um das Haus gefallen sind, aus seinem Bewußtsein getilgt. Das wäre denn doch eine häßliche Erinnerung gewesen für ein eben erst in diese Welt gekommenes Kind. Schüsse … brrh!« Er schüttelt sich, verzieht das Gesicht und fährt dann fort: »Ich habe Inventur gemacht … die Dinge, die ihm zufallen werden. Ein Bronzemesser, ein Halstuch aus Herbstlaub, eine Wolfspfote … ein bißchen Wolfsblut hat er ja schon … mütterlicherseits. Die drei alten Reichstaler, die Jule für ihn auf die Seite gebracht hat … nach Art der Mütter. Tja und das Bilderspiel.«

»Bis auf das Halstuch bin ich mit allem einverstanden«, sagt Madru.

»Na gut«, meint Allwiss, »dann werde ich es dir bei Gelegenheit einmal mitbringen.«

»Das Bilderspiel vielleicht auch … ?«

»Nein«, sagt Allwiss, »das bleibt bei Alder. Er soll sich früh daran gewöhnen, und Jule wird ihm Märchen erzählen, die entstehen, wenn man die Karten auslegt.«

»Sie ist gegen Märchen«, sagt Madru mit Bedauern. »Das ist sie gar nicht«, erwidert Allwiss, »wenn sie das Kommunistische Manifest liest – und sie liest es hin und wieder, und ich wette, sie wird es auch Alder irgendwann vorlesen, mit diesem schönen rauhen Tonfall, den ihre Stimme dabei annimmt – was liest sie dann anderes als ein Märchen?«

»Die Proletarier haben nichts in ihr zu verlieren als ihre Ketten. Sie haben eine Welt zu gewinnen. Schön wär's ja!«

»Siehst du«, sagt Allwiss, »es sind doch mehr Menschen für Märchen zu begeistern als du meinst.«

Madru will noch etwas antworten. Da läuft das Boot knirschend auf Sand. Er greift sich seine Fiedel, springt an Land. »Auf und davon mit dir«, ruft Allwiss, »und auf Wiedersehen im Großen Wald!«

ZUM BAUMTAROT

DIE GESCHICHTE DES BILDERSPIELS

Das Bilderspiel oder Baumtarot besteht aus 22 Karten. Sie stellen, versinnbildlicht durch 22 Bäume (und auch die 22 Kapitel dieses Buches), bestimmte Situationen und Zustände des menschlichen Lebens dar. Sie bilden die kosmischen Kräfte ab, die auf den Menschen einwirken. Jedes dieser Bilder gibt auch Hinweise auf archetypische Bilder in uns. Konflikte, Hoffnungen, Wünsche, Bedrohungen, Ängste, Bindungen sind in den Karten bildhaft verschlüsselt. Sie lassen sich durch längeres Anschauen entdecken. Die Baumkarten laden auch zur assoziativen Betrachtung ein, gerade durch die Offenheit ihrer Bedeutungen, die es dem Betrachter ermöglicht, seine eigene Phantasie mit einzubringen. Schließlich können die Blätter des Spiels auch als Orakel, dem altchinesischen I Ging vergleichbar, benutzt werden: indem man sie durch eine zufallsbestimmte (aber nicht wahllose) Anordnung sich selber legt, die Konstellation betrachtet und beides, Einzelbilder und ihre Vernetzung, auf sich wirken läßt. Das ist spannender, aufschlußreicher, als man zunächst glauben mag.

Dieses geheimnisvolle Baumspiel ist in Norrland in mythischer Zeit entstanden; ursprünglich scheint es aus dem Baumalphabet des Brusinischen hervorgegangen zu sein, und zwar aus der »Wintersprache«. (Für Experten klar erkennbar sind die feinen Bedeutungsunterschiede zu den keltischen Baumalphabeten des BethLuisNion und BiobelLoth.)

Wie aus dem alten »Buch der Chroniken« hervorgeht, hieß dieses Spiel in seinen Anfängen einfach nur »Bilderspiel«. Es diente wohl vor allem der Verherrlichung von Bäumen und war selbst Teil eines weit verbreiteten Baumkults. Später nahm man es gerne als Geschenk für Heranwachsende und besonders für jene Menschen, für die sich die Frage nach dem Sinn des Lebens stellte. Die Benennung der drei gangbaren Wege, wie sie dieses Buch beschreibt – Weg des Allwiss, Weg der Ritter, Weg des Waldes – zeigt bereits eine Institutionalisierung solcher Bedürfnisse an.

Die Bezeichnung Baumtarot ist dagegen modern; sie verweist auf Einflüsse, die das Bilderspiel im Lauf der Entwicklung aus dem klassischen Tarot in sich aufgenommen hat.

Denkbar ist eine neue Funktion, nämlich als Erinnerungs und Hoffnungsspiel, wenn es einmal in Europa und anderswo keine Bäume mehr gibt. Dann wurde dieses Spiel wieder zu einem Ritual, zur Beschwörung: endlich zu einem Bewußtseinszustand zu gelangen, der die Voraussetzung für Veränderungen schafft. In Konsequenz hieße das: die Menschen begriffen, daß sie die einzigen Lebewesen sind, die das natürliche Gleichgewicht des Kosmos zerstören können – und die deswegen zu besonderer Vorsicht und Rücksichtnahme verpflichtet sind. Gegenüber Bäumen, aber auch gegenüber Pflanzen, Tieren und Landschaften.

ERKLÄRUNG DER 22 KARTEN

Der folgende Schlüssel zu den Bedeutungen der einzelnen Karten gibt nur ein andeutungsweises Raster, das von jedem Spieler selbst weiter entwickelt werden kann. Ausgehend von der Kenntnis der Baumarten oder auch nach der Lektüre des jeweiligen Kapitels kann er es verändern und verfeinern.

0 DER NARR – BIRKE. Suche, Abenteuer, Gefährdung. Der Jugendaspekt des männlichen Heros (Gefährte der dreigestaltigen weiblichen Gottheit)

I DER MAGIER – BUCHE. Verstand, Wissen, Bewußtsein

II DIE GÖTTIN – ERLE. Anima, Bru, die Anderswelt

III DIE FÜRSTIN – LINDE. Mutter, Geborgenheit, Erde

IV DER FÜRST – TANNE. Vater, Autorität, Schwert, Herrschaft

V DER GOTT – PAPPEL. Bri, Animus, Wind, Weg des Waldes. Der Sommeraspekt des männlichen Heros

VI DIE LIEBENDEN – HECKENROSE. Vereinigung, Gemeinsamkeit, Harmonie der Liebe, Sicherheit

VII DER WAGENLENKER – HAINBUCHE. Ordnung, Disziplin, Moral, Konvention

VIII DIE GERECHTIGKEIT – EICHE. Kompromiß, Abwägen, Weg der Ritter

IX DER EINSIEDLER – HASELNUSS. Weisheit der Stille. Meditation, Weg des Allwiss

X DAS RAD DES LEBENS – WALNUSS. Schwelle, Grenze der Bewußtseinsbereiche und Zeiten, Schicksal, Doppelgesicht, Doppelaxt, Ambivalenz

XI DIE KRAFT – WACHOLDER. Widerstand, Fähigkeit zu überleben

XII DIE PRÜFUNG – LÄRCHE. Das Unbewußte, seine Kräfte, seine Macht, Balance zwischen Bewußtsein und Unbewußtsein. Erfahrung der Wildnis, der Traumzeit. Der Winteraspekt des männlichen Heros

XII   DER TOD – EFEU. Zerstörung, Erschütterung, Überwindung der Todesfurcht. Fähigkeit, sich aus einer Krise zu befreien

XIV   DIE MÄSSIGUNG – KIEFER. Einfachheit, Bescheidenheit. Die Einsicht in die zum Leben tatsächlich notwendigen Dinge

XV   DER DÄMON – EBERESCHE. Das Schreckliche, unbeherrschte Sexualität, Feuer, Aggression, Gier

XVI   DER TURM – BIRNBAUM. Melancholie, Herbst, Abschied, Vergehen, die Angst in der Einsamkeit

XVII   DIE STERNENFRAU – KIRSCHBAUM. Das Neue, Unentdeckte, Beltaine, Frühling, Baumblüte. Der Mädchenaspekt der weiblichen Dreigestalt

XVIII   DIE MONDFRAU – HOLUNDER. Die Möndin, Brunnentiefe, Rätsel, All, Wächterin über die Fruchtbarkeit, Schicksalsgöttin

XIX   DIE SONNENFRAU – GINSTER. Geburt, Reproduktion, Ernte. Der mütterliche Aspekt der weiblichen Trias

XX   DAS GERICHT – WEISSDORN. Tod, Hexe, Samain, Winteranfang. Der Todesaspekt der weiblichen Trias

XXI   FRAU WELT – APFELBAUM. Wiederauferstehung, Einheit von Welt und Anderswelt, von Innen und Außen, Oben und Unten

SPIELANLEITUNG

Die Bildreihe der 22 Karten läßt sich in drei unterschiedlich große Sequenzen anordnen: äußere Welt (Karten I – X), innere Welt (Karten XI – XIX) und die drei Karten des Totenreiches, 0, XX und XXI. Jeder Karte ist, wie leicht erkennbar, ein Baum, eine Gestalt, eine mythische Person zugeordnet und auch Gegenstände, die zur Aura dieses Baumes und dieser Person gehören. Diese figürliche Überblendung der Bäume ist späteren Datums. Ideal wäre ein Bilderspiel, in dem die Darstellungen von Baum und Person ineinander übergingen.

Mit den 22 Großen Arkanen (bildhaft verschlüsselten »Geheimnissen«) des Tarot hat das vorliegende Spiel manches gemeinsam. Zunächst die Anzahl und Namen der Karten, z. T. auch die Figürlichkeit. Da in den 22 Sinnbildern eine frühe »Weltformel« steckt, die einzelnen Karten weder eindeutig Glücks- noch Unglücksbedeutung haben, ist dies vor allem ein meditatives Bilderspiel. Die Symbolgehalte, wie sie in den Erklärungen stehen, sind lediglich Anhaltspunkte. Auf die Bezüge der »gezogenen« Karten kommt es an, auf ihre Konstellationen, die in dem Betrachter mehr oder minder intuitive Vorstellungen auslösen.

Das wiederum hat unser Baumtarot mit dem klassischen Tarot gemeinsam und dementsprechend auch vielfältige Kombinationen, zu denen die Karten sich legen lassen. Zum Beispiel die paarweisen: hier entsprechen sich nach alter Tarotauslegung der Magier (1) und der Narr (0), die Göttin (II) und Frau Welt (XXI), die Fürstin (III) und das Gericht (XX), der Fürst (IV) und die Sonnenfrau (XIX) – u.s.f. Eine solche Doppelfigur drückt sowohl Gegensätz-

lichkeit wie auch Steigerungsmöglichkeit aus.

Stellt man die Zweier-Paare nun zu Vierer-Gruppen zusammen, so ergeben sich interessante diagonale Ausdeutungen z. B. die der nebenstehenden Illustration.

Diese Figur wird von Tarotkennern als eine »Idee« in ihren verschiedenen Aspekten gesehen; in unserem Beispiel als die Idee »schöpferischen Bewußtsein.«

Es lassen sich, wenn man den Narren (die 0) einmal beiseite läßt, auch Dreier- und Siebener-Linien legen. Eine Anordnung nach dem Sephirot-Baum der Kabbala erscheint ebenfalls sinnreich, denn seine drei senkrechten Säulen können als These, Antithese und Synthese ausgelegt werden. Aber dies nur als ein Hinweis bevor wir uns nun den gebräuchlichsten Legesystemen zuwenden.

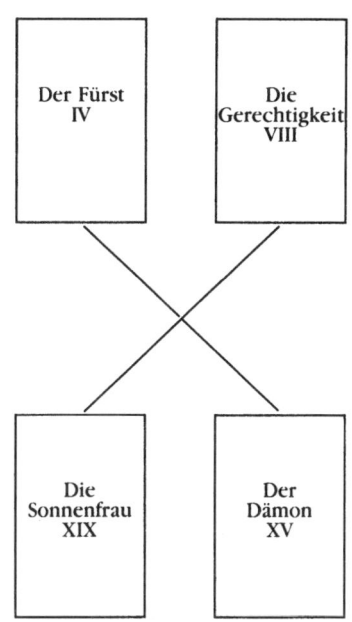

DAS NEUN-KARTEN-SPIEL

Zunächst mischt man das Kartenspiel gut durch und konzentriert sich dabei auf eine Frage. Wo stehe ich? Welchen Weg soll ich gehen? Was bringt mir die Zukunft? Solche Sinnfragen sind für das Baumspiel am ergiebigsten. Um die »richtigen« Karten zu finden, kann man sie, auf der verdeckten Seite aufgefächert, der Reihe nach ertasten – oder aber die Karten zu einem Päckchen zusammenschieben, spontan eine Zahl zwischen 1 und 22 (0) nennen und dann so viele Karten, wie der genannten Zahl entsprechen, abheben; die letzte der abgehobenen Karten wird umgedreht und ausgelegt. Beide Methoden, Ertastung und Zahlenwahl, dienen der Einstimmung in das Spiel selbst.

Die 1. gezogene Karte ist beim Neuner-Spiel diejenige, der man sich selbst besonders verbunden fühlt. Sie wird in der Mitte plaziert.

Die weitere Anordnung zeigt die untenstehende Illustration. Die Karten und ihre Bedeutung:

Karte 2, kreuzweise über die erste gelegt: Umwelteinflüsse

Karte 3, oberhalb plaziert: die Schicksalskarte

Karte 4, zur Rechten: die Vergangenheit, das Unterbewußte

Karte 5, unterhalb plaziert: prägende Einflüsse der Vergangenheit

Karte 6, zur Linken: mögliche künftige Bedingungen und Einflüsse

Karte 7, ganz rechts unten: die gegenwärtige Position und innere Haltung des Fragenden

Karte 8, ganz rechts Mitte: Einfluß des Fragenden auf die Umwelt; zwischenmenschliche Beziehungen

Karte 9, ganz rechts oben: das Resultat der NeunerKonstellation. Sie verrät, was das Ziel sein wird.

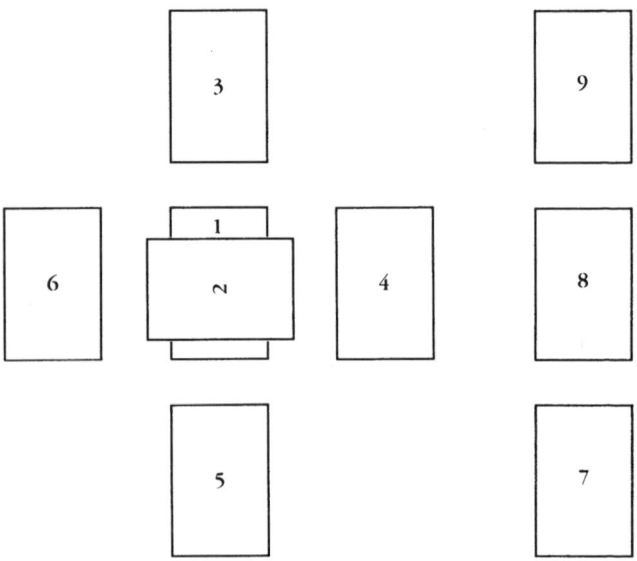

DAS SIEBEN-KARTEN-SPIEL

Vergangenheit, Gegenwart und Zukunft des Fragenden werden bildhaft dargestellt. Sieben zuvor einzeln gewählte Karten (vgl. Vorspann zum NeunerSpiel) legt man, zunächst verdeckt, hufeisenförmig so auf wie unten illustriert. Die Karten werden der Reihe nach umgedreht und betrachtet.

Karte 1: alte Vergangenheit, frühe Ereignisse, latent wirksame Einflüsse

Karte 2: jüngste Vergangenheit, Ereignisse, die vor kurzem passiert sind und deren Einfluß stark erlebt wird

Karten der Gegenwart 3 – 5: links (3) die Einfluß-Karte (mit der vorherigen oftmals verbunden), in der Mitte (4) die Hindernis oder Gefahren Karte, rechts (5) die perspektivische Karte in Fortführung der Linien beider anderer Karten

Karte 6: dominante Einflüsse in Zukunft tendenziell in denen der Gegenwart auf dem Hintergrund der Vergangenheit bereits angelegt

Karte 7: die Ergebnis-Karte, eine Ausbalancierung aller sechs übrigen Karten und deren Zielgerichtetheit.

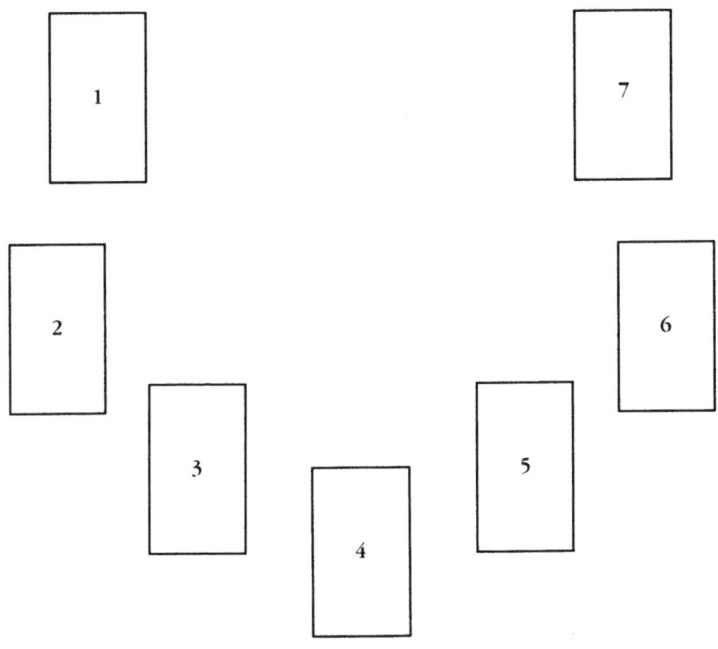

DAS 21-KARTEN-SPIEL

Nachdem man eine Karte, zu der man eine besondere Affinität verspürt, aus dem aufgedeckten Spiel herausgenommen und als Signifikator (S) ausgelegt hat, mischt man die verbleibenden 21 Karten gut durch. Dann zieht man aus diesen noch verdeckten Karten siebenmal drei Karten, die man aufgedeckt in drei Halbkreisen (von links nach rechts) um die Karte S auslegt.

Die ersten drei Karten auf der linken Seite des Halbkreises beziehen sich auf die Persönlichkeit des Fragenden, besonders auf seine gegenwärtige psychische Kondition;

die nächsten drei Karten verweisen auf seine gegenwärtige häusliche Situation;

die Karten 7, 8 und 9 der oben dargestellten Reihenfolge verraten seine gegenwärtigen Wünsche;

die Karten 10, 11 und 12 dieser Legeordnung verweisen auf seine Erwartungen für die Zukunft;

die Karten 13, 14 und 15 zeigen, was er nicht erwartet;

die Karten 16, 17 und 18 bilden die unmittelbare Zukunft ab,

während 19, 20 und 21 die langfristigen Einflüsse wiedergeben.

Wenn der Spielende die einzelnen Dreierabteilungen dann betrachtet und sie analysiert, sollte er dabei den Gesamteindruck in sich aufnehmen – oft beeinflußt und verändert eine Karte die Bedeutung einer anderen völlig.

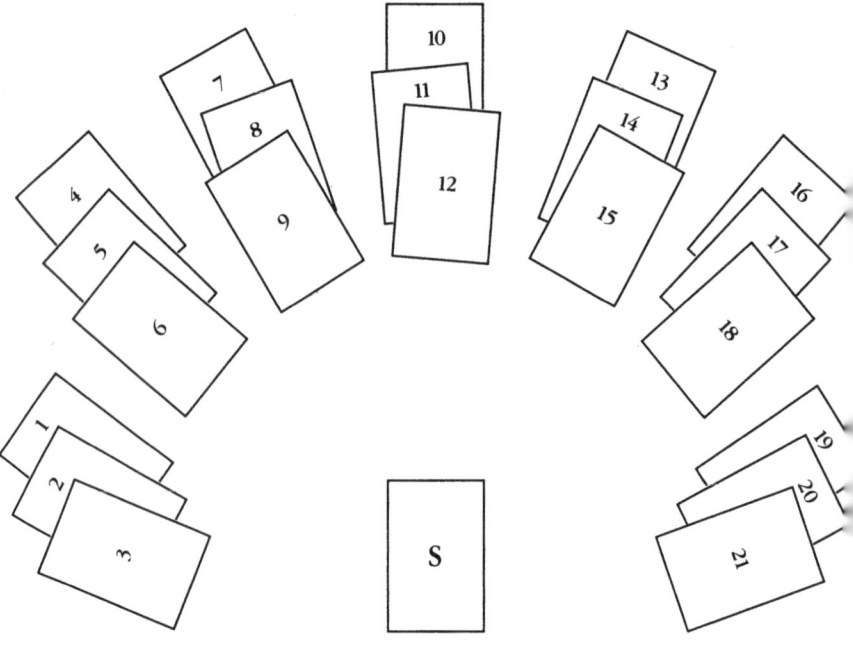

Weitere Titel aus dem Königsfurt Verlag

Horst-Eberhard Richter / Elmar Brähler (Hg.):
Abschied vom Ego-Kult. Die neue soziale Offenheit.
ISBN 3-933939-00-3. *Wertewandel und neue Wege.*

Josef Rattner: Grundlagen ganzheitlichen Heilens.
Einführung in die Psychosomatik.
ISBN 3-933939-17-8. *Ratgeber für jeden Haushalt.*

Paul Letter: Paracelsus. Leben und Werk.
ISBN 3-933939-24-0. Hardcover, zahlreiche Abb. *Neue Quellen.*

Horst Obleser: Parzival. Ein Initiationsweg und seine Bedeutung.
ISBN 3-933939-26-7. *Die Gralslegende psychologisch gedeutet.*

Ulrich Magin: Ausflüge in die Anderswelt.
ISBN 3-933939-25-9. *Bedeutungen rätselhafter Phänomene.*

Pierre Niccart: Du bist was du vergißt. Ein Erlebnisbuch.
ISBN 3-933939-23-2, farbig. *Faszinierende Erfahrungen.*

Laura Hermes: Aphrodites Traum – Traumdeutung in der Antike.
ISBN 3-933939-28-3. *Unterhaltsam und informativ.*

Klausbernd Vollmar: Sich erfolgreich träumen.
ISBN 3-933939-07-0. *Die DreamCreativity®-Methode.*

Kb. Vollmar & J. Fiebig: Traum und Traumdeutung.
ISBN 3-933939-01-1. *Reihe: erleben und verstehen.*

Frederik Hetmann: Märchen und Märchendeutung.
ISBN 3-933939-02-X. *Reihe: erleben und verstehen.*

Hans Dieckmann: Zauber aus 1001 Nacht. Märchen und Symbole.
ISBN 3-933939-09-7. *Ein Klassiker der Märchenforschung.*

KÖNIGS FURT